企业社会保险投入
对企业经济效率的影响研究

The Impact of Enterprise Social Insurance

Investment on Enterprise Economic Efficiency

程 欣 著

中国财经出版传媒集团

经济科学出版社
Economic Science Press
北京

图书在版编目（CIP）数据

企业社会保险投入对企业经济效率的影响研究 ／ 程
欣著 . -- 北京 ： 经济科学出版社，2024.11. -- ISBN
978 - 7 - 5218 - 6425 - 0

Ⅰ . F842. 61；F279. 2

中国国家版本馆 CIP 数据核字第 2024RM2786 号

责任编辑：何　宁　王文泽
责任校对：隗立娜　靳玉环
责任印制：张佳裕

企业社会保险投入对企业经济效率的影响研究
QIYE SHEHUI BAOXIAN TOURU DUI QIYE JINGJI XIAOLÜ DE YINGXIANG YANJIU
程　欣　著

经济科学出版社出版、发行　新华书店经销
社址：北京市海淀区阜成路甲 28 号　邮编：100142
总编部电话：010 - 88191217　发行部电话：010 - 88191522
网址：www. esp. com. cn
电子邮箱：esp@ esp. com. cn
天猫网店：经济科学出版社旗舰店
网址：http：//jjkxcbs. tmall. com
北京季蜂印刷有限公司印装
710 × 1000　16 开　13. 5 印张　190000 字
2024 年 11 月第 1 版　2024 年 11 月第 1 次印刷
ISBN 978 - 7 - 5218 - 6425 - 0　定价：56. 00 元
（图书出现印装问题，本社负责调换。电话：010 - 88191545）
（版权所有　侵权必究　打击盗版　举报热线：010 - 88191661
QQ：2242791300　营销中心电话：010 - 88191537
电子邮箱：dbts@ esp. com. cn）

本书受教育部人文社会科学青年基金项目"高质量发展背景下企业技术创新与劳动力就业的协同发展研究"（23YJC840004）的资助。

前　言

　　企业社会保险投入的一系列问题已经引起了学界和社会各界的广泛关注。企业一致认为，过高社会保险费用的缴纳加剧了其成本负担，对其生产经营、创新发展、劳动力招聘等方面产生不利影响，因此企业少缴、漏缴社会保险费的情况时常发生；部分学者认为，过高的社会保险投入是中国劳动力成本快速上升的重要原因之一，挤压了企业用于技术进步、研发创新等方面的资金投入，对企业转型升级产生抑制效应。然而，从理论上看，社会保险投入应该存在正向和负向两方面效用。假如将社会保险投入视作企业对其劳动力投资的一个重要方面，可以有效地稳定劳动力预期、激发其劳动供给，从而促进员工劳动生产率和创新绩效等方面的提升。基于对此问题的思考，本书发现，现阶段企业社会保险投入（以下简称"企业社保投入"）对于企业经济效率的影响还并不明确，其正面效应并未得到准确估计。首先，对于企业社保投入的分析应该基于真实的企业社保缴费水平，而非政策缴费率，因为在实际收缴过程中，政策缴费率和各企业实际缴费率之间存在较大差别；其次，企业社保投入对企业经济效率的影响应该从更为中长期的视角分析，仅从社保投入占企业成本的比例的角度会失之偏颇；最后，企业社保投入对企业经济效率的影响机制需要进一步实证明晰，明确社会保险如何影响企业经济效率对我国企业良性发展和员工福利保障有重要意义。因此，本书拟通过"中国企业综合调查"（CEGS）的微观数据，就企业社保投入对于企业经济效率的影响及其影响机制进行实证分析。第一，本书先通过微观大样本数据对于不同类型企业实际社会保险缴费率进行统计，得出现阶段较为准确的企业实际缴费率及各企业社保投入的异质性；第二，在此基础之上，将企业社保投入与企业经济效率之间进行回归分析，梳理社保投入对于企业的正向影响；第三，进一步检验社保投入影响企业的中介渠道，明确社保投入通过哪些方面影响企业经济效率，为政策建议提供实证参考。

基于上述的研究问题，本书主要采取"微观实证"的研究方法，辅以文献梳理、理论研究等其他定性研究方法。具体而言，本书主要采取 OLS 回归对社保投入与企业经济效率之间进行因果推断，并利用辅助回归、倾向得分匹配（PSM）、中介效应模型等方法对结果的稳健性以及中介影响渠道进行检验。采取多种计量研究方法，不仅可以对企业社保投入与企业经济效率做出准确的实证判断，还可以进一步对结果的稳健性和中介机制进行检验。除了微观实证之外，本书使用福利国家的社会福利理论、"成本－收益"理论模型、人力资本理论作为理论基础，并依据相关文献、国内外社保投入发展历程以及企业经济效率体系进行定性梳理，构建本书的研究框架，为实证研究和政策建议提供理论支撑和经验参考。

本书的创新点主要体现在：第一，研究视角的创新。本书将社保投入看作是企业对于劳动力的投资，而非单一的成本。不同于多数研究中将社保投入看作企业经营生产的"负担"，本书从微观层面厘清了社保投入对于企业经营的正向激励效应，拓宽了企业社保投入的研究视角。第二，研究数据的创新。本书利用一手实地调查数据进行实证研究，此数据是新常态背景下较为全面的企业微观层面数据，按照严格的入企调研方式，掌握了较为真实的企业数据。因此，本书的创新点体现在使用上述微观数据对社保投入的问题进行了实证分析。并且，引入企业和员工两方面匹配数据，在同类研究中比较完整地证明了企业社保投入的异质性状态。第三，实践应用的创新。本书发现社保投入对企业有正向促进作用，特别是对于大规模企业和技术密集型企业，企业应该更为理性地从中长期看待社保投入。因此，从一定程度上解决了当前企业缴费动力不足的现实问题。

综上所述，本书篇幅结构为以下八个部分。

第一章：绪论。主要提出本书的研究问题、背景以及意义；对已有文献进行梳理；明确研究思路、方法，并提出研究的创新点与不足。

第二章：概念界定与理论基础。本章将首先对本书使用的概念进行界定，明确研究对象；其次，本章还将构建理论基础，包括社会福利理论、"成本－收益"理论模型、人力资本理论。

第三章：企业社保投入与企业经济效率的体系搭建。本章在上一章的基础上，进一步对本书的研究框架进行搭建。主要从两个方面进行推导：一是国内外企业社保投入演变历程的梳理；二是企业经济效率体系的构建，总结出社保投入影响企业经济效率的可能机制，为后文的研究提供框架模型。

第四章：我国企业社保实际投入的指标分析。本章利用微观入企数据，对我国社会保险缴费现状进行分析。分不同地区、不同年份、不同所有制形式、不同竞争力的企业进行了社会保险缴费情况的描述性统计。

第五章：企业社保投入对劳动生产率的影响。通过微观大样本数据，就社保投入对劳动生产率的影响进行了较为全面的实证分析。本章先进行了变量选取、模型构建、描述性统计，然后，运用基准回归、倾向得分匹配、异质性分析等方法，对社保投入与劳动生产率之间的影响效应进行了实证分析。

第六章：企业社保投入对创新绩效的影响。本章进一步对社保投入与创新绩效之间进行了因果分析。同样，本章先进行了变量选取、模型构建、描述性统计，然后，运用基准回归模型、中介效应模型、异质性分析等方法，对社保投入与创新绩效之间的影响效应进行了实证分析。

第七章：企业社保投入影响企业经济效率的中介机制。本章是本书的重要解释章节，利用实证数据进一步解释了社会保险如何对企业产生影响，为本书的实证结论提供更有力的支撑。

第八章：实证结论、政策建议及展望。

通过以上八章的研究，本书发现：第一，我国 2015～2018 年企业社会保险实际缴费率为 19% 左右，低于 40% 左右的政策缴费率，不同类型企业社会保险实际缴费率存在异质性。国有企业、非港澳台外资企业社会保险缴费率高、缴费更为规范。第二，在社保投入处于合理区间的范围内，更高的社保投入有助于释放员工有效劳动供给，促进企业经济效率的提升。通过回归分析发现，社保投入对企业经济效率有正向促进作用，具体而言，社保投入的增加提高了劳动生产率和创新绩效。第三，社保投入对企业经济效率的激励作用存在异质性。异质性分析发现，社保投入的激励作用对高新技术企业更为明显，对于传统劳动密集型小微企业，其成本作用更为明显。第四，与小微企业相比，大企业更高的社保投入可以吸引更多的高质量人力资本、释放创新精神，以及提升企业管理效率，从而提升企业整体经济效率。通过机制检验发现，社会保险通过影响人力资本、创新精神与管理效率促进企业劳动生产率和创新绩效。基于上述研究结论，本书最后提出了几点政策建议：第一，制定与经济发展相适应的缴费率；第二，重视人力资本的积累效应；第三，注意不同类型企业社保投入的异质性；第四，建立多支柱的社会保险体系。

总体而言，本书发现，社保投入对企业而言绝非单一的成本，合理区间内更高的社保投入对我国企业的健康、可持续发展不可或缺。政府和企业应尽可能地发挥社会保险的积极效应，引导企业理性看待社保投入，将社保投入化作提高劳动力产出的动力之一，更好地促进市场经济的繁荣发展和劳动者福利保障。

目　录

第一章

绪　论

第一节　研究背景、研究意义及内容

一、研究背景

企业社会保险费用的缴纳作为我国企业劳动力成本中的重要组成部分，是影响企业经营发展和劳动者福利保障的重要方面。自 2016 年以来，"五险一金"费率过高引起了学界和社会各界的广泛讨论，企业认为劳动力成本急剧上升，降低养老保险费率应成为一个重要突破口。因此，2020年前后，我国先后 7 次降低养老保险费率。学者认为，过高的社保投入对其技术进步、研发投入、人力资本架构等有挤压作用，增加了企业的经营成本（白重恩等，2012；葛结根，2018）。然而，从理论上来讲，社会保险对于企业而言绝非单一的影响，其存在正向和负向两方面影响。合理的社保投入通过对人力资本的激励，提高劳动者的劳动积极性，缓解劳动者在养老、医疗、住房、教育、生育等方面的后顾之忧，从而刺激劳动者提高生产效率，对企业经济效率或存在正向激励作用。从现有分析来看，企业社保投入对企业经济效率的正向影响还并不明确，明确企业社保投入对企业的影响对平衡社会保险收支、推动我国企业高质量发展以及社会

保险体系的合理运行都有重要意义。因此，本书将从这一现实问题为出发点，利用微观入企调查数据，对企业社保投入对企业经济效率的影响进行一系列实证分析，探究企业社保投入对企业经济效率的影响及其影响机制。

2019～2022 年，企业的社保投入出现了一系列问题。首先，企业缴费不实的情况屡见不鲜。根据《中国企业社保白皮书 2022》（以下简称《白皮书》）统计，2022 年，仅有 28.4% 的企业实现社保基数完全合规，与2021 年相比再次降低 1.5 个百分点，企业社保合规数据连续两年小幅下滑，且社保管理复杂度攀升：在全国经营常态化的当下，跨省企业占比连续三年提升，各地社保政策属地化差异极大①。根据《白皮书》显示，2019～2022 年住房公积金等险种都出现了不同比例的下滑。然而，与之相反，雇主责任险却成为唯一一个连续三年呈上升趋势的险种。这项数据可以直观地说明，企业基于多方面的考虑，更倾向于选择规避企业自身风险，一定程度上反映了企业对于社会保险缴纳的认同不高。最后，除了企业之外，员工本人对于社会保险缴费价值认同感偏低，更倾向于少缴社保多拿工资，对于合规缴纳社会保险的益处认知不足。尤其是工资水平本身较低的企业，由于员工收入水平较低，员工更加注重可拿到手的货币收入，侧面造成了企业实际缴费比例的下调（马双、孟宪芮、甘犁，2014）。综合以上三个因素可以看出，企业对于社会保险缴费的疑惑存在已久，问题并未得到很好的解决。2020 年前后，我国出台了一系列降低社会保险费用的政策，降低社会保险费用是从政府出发减轻部分企业劳动力成本压力的必然行为。但是，对所有企业都实行单一降费并不能释放社会保险的激励作用；并且，过多地降低社会保险缴费率也不利于劳动者福利保障体系的发展，更增加了政府负担养老金缺口的财政负担。那么，当前企业实际社保投入到底是多少？不同企业社保投入有何不同？社保投入对企业是否存在正向激励作用？如何更加有效地释放社会保险的激励效应以刺激生

---

① 根据《中国企业社保白皮书 2022》整理汇总。

产？社会保险影响企业经济效率的中介渠道有哪些？由于微观数据的缺乏，上述问题并未得到较为准确的答案，社保投入对于企业经济效率的影响及其影响机制还亟待进一步明晰。

事实上，社保投入对于企业经济效率应该存在两方面的影响。一方面，进入 2010 年以来，随着人口老龄化的加深，我国经济的"人口红利"进入后期阶段并逐渐消失，劳动力数量下降，劳动力成本上升（董翔宇等，2020）。在此大环境下，现有文献大部分认为，社会保险作为企业总税负的组成部分，对企业的研发创新、机器设备更新、人员培训等资金投入造成挤压效应。根据各地政府文件资料显示，我国社会保险支出已经占据用工成本的 40% ~ 50%，约为"金砖四国"中其他三个经济体平均水平的 2.7 倍（Niselsen and Smyth，2008；白重恩等，2012）。根据学者测算，在供给侧结构性改革之前，我国的五项社会保险平均缴费率相当于工资薪金的 42%，其中养老保险费率最为突出，高达 28%，养老保险缴费中的雇主缴费率大约在 20%，职工个人费率 8%（郑秉文，2018）。为此，政府也相继出台了一系列降低社保负担、延迟企业社会保险费用缴纳的优惠政策，经过几轮的降费率政策之后，我国城镇职工社会保险略有下降，其中，养老保险费率阶段性下调至 20% 左右。但是，企业还是认为，在经济增速减缓的环境下，现有的社会保险缴费率增加了企业的经营成本。因此，部分学者倾向认为：社保投入的增加对企业而言是制约其生产率提高的重要因素，过高的社保投入对企业技术进步、研发投入、人力资本架构等有挤压作用，并且对于部分劳动密集型企业而言，这种抑制的作用更为明显（Bratelsman et al.，2016；Barmbilla and Tortarolo，2018）。

然而，另一方面，社会保险对企业经济效率在一定限度内应该存在正向影响。社会保险等基本保障关系到职工工作、生活的方方面面，其正面效应还未得到重视。自 19 世纪起，西方国家普遍建立社会保险制度，鼓励企业充分配合政府提高劳动者的福利保障，目的在于平衡社会各阶层的利益，赢得工人阶级的忠诚，阻止劳资关系的恶化。福利有效地改善了当时西方国家工人的状况，提高了工人工作的积极性，减少了工人对未来风险不确定性的预期。社会保险基本制度的建立有力地促进了当时资本主义经济的发展，只是在进入过度福利化时期，过高的福利才会造成"养懒汉"的情况。部分研究也证明，如果企业能够提供合理的薪资、奖金、五险一金、企业年金等福利，员工对自身工作的满意度也会大大提升（Serfling M.，2016）。因此，不论是福利国家的经验还是前人的研究均发现：一定范围内更高的社保投入可以提高劳动者对于薪酬福利的长期预期，进而有效提供其劳动供给。并且，企业社会保险合规投入还可以促进劳资关系更为和谐，给劳动者提供深层次的安全感和归属感，进一步体现社保的正向激励作用。综合以上两个方面的影响可以推断出，社会保险与企业经济效率之间呈现出"倒 U 型"的关系：在初期，社会保险对企业和员工存在激励作用，更高的社保投入可以激发劳动者的工作效率，促进企业效率的提升；当企业过高的缴费比例与利润下限的平衡点相冲突时，这部分缴费会被转嫁给员工，员工的福利水平实际有所下降，从而不利于其劳动生产率的发展（葛结根，2018；Tachibanaki and Yokoyama，2008）。然而，由于诸多因素的限制，社保投入与企业经济效率之间的"倒 U 型"关系还未得到充分的探讨，尤其是其正面影响效应未得到充分阐明。

综上所述，本书拟通过微观入企数据，就企业社保投入对我国企业经济效率的影响及其影响机制做出实证研究。首先，现阶段企业社保实际投入为何？不同类型企业社保投入有何异质性？本书将基于"中国企业综合调查"（CEGS）的数据，对我国企业社保投入情况做出分企业类型、分地区、分年份等的描述，旨在厘清我国企业社保实际投入的真实现状。其次，社保投入对于企业经济效率的影响效应有哪些？本书将对社保投入与企业经济效率的关系进行实证分析，确立企业社保投入对于激励企业生产创新的正面角色。最后，社保投入影响企业经济效率的机制有哪些？本书将对社保投入影响企业经济效率的中介机制进行探讨，明确社会保险影响企业的渠道和路径。通过以上三个部分的分析，厘清企业社保投入的积极意义，对保障雇主成本投入的合理化以及员工福利的可持续发展提供研究支撑，也为我国社会保障福利体系模式提供新的思路。

二、研究内容

首先，依托微观数据梳理我国现阶段企业社保投入的真实现状。企业社会保险缴费标准虽为政府统一规定，然而每个企业的实际社保投入不尽相同。由于企业性质、企业规模、所在地区等的不同，企业呈现不同的缴费动力，从而导致缴费数额的不同。然而，现有大多数研究是基于宏观数据或是部分上市公司数据，还未基于一手微观数据梳理我国企业缴费真实现状。本书将基于入企微观数据调查，对我国代表性省份制造业企业的社会保险现状进行系统的梳理，提炼出我国现阶段企业社保的异质性，包括不同所有制企业、不同生产率企业、不同规模企业、不同技术水平企业……的社会保险缴费率差异，试图用微观调查数据对我国企业社会保险现状进行梳理，从而为合理制定我国企业社会保险水平提供事实依据。

其次，论证我国企业社保投入对企业经济效率的影响，明确社会保险的正向作用。本书将论证企业社保投入对企业劳动生产率、创新绩效的影响，提出在一定范围内，更高的社保投入是促进企业人力资本的重要驱动力，从而提升企业经济效率。论证聚焦于解释当社保投入处于合理区间内时，更高的社保投入对企业的激励作用。

最后，明确企业社保投入影响企业经济效率的中介机制，提出优化我国企业社会保险的现实路径。为了使本书的研究更为完善，从"是什么"、"怎么样"以及"为什么"的逻辑顺序谋篇布局，本书还将剖析社会保险通过哪些中介机制影响企业经济效率，例如，社会保险通过刺激人力资本、释放劳动者创新精神、降低企业的管理成本等方面，提高企业经济效率，从而确立社保投入影响企业发展的路径。

三、研究意义

（一）实践意义

本研究具有较为明显的现实意义。第一，对真实存在、亟须明确的社会保险缴费问题有一定回应和解释。目前，我国企业正面临着经济增速减缓以及人口红利消失的挑战，企业经营状况存在一定困难。由此，企业几乎一边倒地觉得社会保险对其有严重的抑制作用。在这种环境下，社会保险对企业的积极作用已经完全被忽视。如何合理看待我国企业社会保险缴费率，刺激雇主缴费积极性，提高员工劳动积极性是一个重要社会议题。本书依托一手微观数据，对社会保险对于企业经济效率的积极影响进行了梳理，帮助明确社保投入对于企业的正向助推作用，确立企业在社会保险福利中的责任和义务，从而有效优化我国企业的经营现状，推动企业的良性、持续发展。

第二，有助于衡量不同企业实际缴费率。企业实际缴费率与政策缴费之间存在差异。真实缴费率的衡量和统计缺乏微观数据的支撑，这为判断我国社会保险缴费现状增加了难度，不利于政府的正确决策。本书利用一手数据分析 2015～2017 年企业实际缴费情况，分析不同类型企业的缴费率，这将全面厘清我国各企业的实际缴费率，为制定合理的社会保险水平提供依据。因此，本书基于实证数据对我国社保投入现状的探讨可较为真实地反映企业社会保险缴费情况，为相关政策制定提供实证依据。

第三，对帮助企业理性认识社会保险，促进其合理、合规缴费有重要意义。过低的社会保险不利于保障企业员工面对突发的危机和挑战，也增加了政府的兜底负担；而过高的社保投入又为企业增加了成本负担，降低企业经济效益。本书利用实证分析得出在适当范围值内社保投入与企业经济效率之间的正向影响，有助于企业梳理当前社会保险真实投入情况，从激励角度帮助企业理性看待社会保险的效用，一定程度上缓解现阶段企业少缴、漏缴，甚至不缴社会保险的情况。

（二）理论意义

本研究具有一定理论意义。第一，社保投入对企业经营既有成本作用也有激励作用，然而，社保投入的激励作用近年来一直被忽视。本书的理论意义在于进一步明确社会保险对于企业存在成本和激励两方面的作用。目前看来，社会保险的成本作用已经较为明确，学界对于社会保险的负面作用也已经做了一系列探讨。本书主要对社会保险的激励作用方面进行实证分析，明确社会保险的正面效应。

第二，本书将企业社保投入看作人力资本投入的一种形式，对员工有激励作用，是对人力资本理论的一种回应，是对已有成熟理论的一次拓展以及新运用。现有文献中将社会保险看作人力资本激励手段的研究还较为匮乏，本书将企业社保投入看作激励员工生产、促进劳动生产率的一种手段，主张社会保险促进了企业经济效率，运用了人力资本激励这一经典理论。

第三，进一步丰富了社会保障理论体系。本书提出社会保险对企业的正向促进作用，也是对于社会保障理论体系的进一步丰富。现阶段我国企业社保正处于转型期，过高或是过低的社会保险都不符合我国现阶段社会保险的发展要求，本书对社保投入影响效应及其影响机制的分析，为我国社会保险制度选择提供有力的理论支撑。

第二节 文献综述

国内外对企业社保投入的研究从各个方面进行了探讨，为本书的研究奠定了坚实的基础。本部分紧密结合本书研究需要，从三个角度出发进行了梳理，即：我国企业社保投入现状、企业社保投入对企业经济效率的影响，以及企业社保投入对企业经济效率的影响机制，为本书的研究提供文献参考。

一、企业社保投入现状的研究

（一）不同类型企业社保投入的异质性

不少学者对我国企业社保投入现状进行了分析，文献发现：我国不同类型的企业由于经营状况不同，又加之，在对企业社会保险缴费的监管上，要做到严格按照缴费标准对各个企业监管存在一定难度，因此，不同类型企业社会保险缴费率呈现较大不同。首先，有学者提出，集体企业和私营企业存在缴费压力大的情况，但是国有企业和外资企业基本能够承受当前的社会保险缴费率（许志涛、丁少群，2014；鲁晓东、连玉君，2012）。私营企业社会保险缴费能力弱，因其劳动密集型产业多，当按照工资同一比例上交社会保险时，私营企业负担的缴费绝对额大，但是其利润水平低，导致缴费能力弱（孙博、吕晨红，2011）。并且，国有企业和私营企业承担的社会使命不同，国有企业既负担着一定的经济职能，同时又负担着一定的政治职能，从而在执行国家政策上的规范性更高。例如，经测算，国有企业职工的实际缴费比例最高为 10.26%，私营企业最低为 7.4%，国有企业缴费率明显高于私营企业（汪润泉等，2017）。其次，我国社会保险的区域差异明显。不同省份甚至地区的养老保险在历史债务、待遇水平、抚养比、覆盖率以及基金结余方面存在不同程度的差异（刘伟兵、杨扬，2019）。并且，社会保险缴费不仅与当地经济发展水平有关，还与各地对社会保险缴费政策的执行力度有关（陶纪坤、张鹏飞，2016）。东部地区由于经济发展水平高，当地政府对社会保险缴费监管更加严格；中西部地区由于经济发展水平低，当地政府对社会保险缴费监管不那么严格（陶纪坤、张鹏飞，2016），从而导致不同地区企业的社会保险缴费率存在较大差别。

除了社会保险的所有制差异和地区差异之外，企业自身的生产率、规模、竞争力、劳动权益保护制度等因素也会对社会保险缴费产生不同程度的影响。部分文献提到，由于一些政策对生产效率高的企业存在一定补贴，以刺激和维持高生产率企业的发展，高生产率的企业可以获得更高的政策倾斜和福利补贴，从而导致全要素生产率高的企业的社会保险缴费率可能存在较低的情况（Barry，2017）。因此，不同类型企业由于企业自身特征的不同，其社会保险缴费能力存在差别。有研究对秘鲁1994～1997年5688家微型企业数据的实证研究也得到了相似的结论。他们发现，企业存续的年龄、规模的大小都会影响企业是否参与社会保险缴费，企业年龄越长，规模越大，就越有激励为其员工缴纳社会保险（David，2007；Dou，2016）。还有学者发现劳动密集型企业对于社保投入的变动更为敏感，社会保险缴费作为劳动力成本的一部分，对企业绩效影响巨大，但是企业法定社会保险率的提高对劳动密集型企业绩效的影响较为突出（Brown，2012；王雄元，2016）。可以看出，社会保险企业投入在不同性质的企业间存在较强的异质性，企业规模、存续年限、劳动力人数等企业特征都是影响其缴费水平的重要因素。

综上所述，现有文献可以部分说明：现阶段我国企业社保政策缴费率虽然在省市层面上较为统一，但是不同类型的企业实际缴费率存在较大不同。不同所有制、不同地区、不同规模、不同竞争力等的企业的社保实际投入存在较强异质性。现阶段我国对于企业实际缴费率的研究大多依据理论经验，或是依据部分上市公司数据，而利用新近大规模微观数据的研究并不多见，因此，在细致划分不同类型企业的实际缴费率上有待进一步完善。

（二）实际缴费率与政策缴费率存在差异

封进等（2012）提出，我国社会保险缴费率高、激励不足，导致现阶段我国企业社会保险存在缴费不实的情况。事实上，虽然2015～2018年政策缴费率较高，各地平均企业五险缴费率达到30%～40%，但是实际收缴的费率不一定高。部分学者发现，这种现象可以用"拉弗曲线"来解释，为何当费率水平较高的时候，实际收缴率不一定高？"拉弗曲线"表明，正常情况下，提高税率能增加政府税收收入；然而，当税率超过一定限度，政府税收收入反而会减少。这是因为，当税收费率水平超过企业经营成本负担的时候，逃费现象开始出现，"拉弗曲线"开始转折（郑秉文，2018）。"拉弗曲线"之所以变形，是由于企业各种逃费原因，例如，雇主规避劳动力成本上升、雇员主动选择不交、当地征缴部门法不责众、地区间经济发展不均等，最终导致名义缴费率很高，但实际收缴率很低。这也是缴费者与决策者之间信息不对称和博弈的结果。由于信息的不对称，对于政府和企业，两方都不确定对方会做什么选择，例如，政府不确定企业愿意承担多大的缴费额度，企业不确定政府愿意承担多大的财务兜底责任。双方的信息不对称导致大家都选择了对自己最优的策略，也就是，政府制定法规以使企业承担较高的缴费比例，而企业通过逃费试图降低自身缴费率，让政府承担更多社会兜底责任，最后导致缴费不实，社会总支出受损（郑秉文，2018）。

那么，当前我国社会保险的实际缴费率究竟是多少？企业到底承担了多少社会保险？当前仅有少数文献对这一指标进行了测算。封进（2013）对我国实际缴费率的测算发现，我国企业的实际缴费率先期上涨，到2013年呈现略下降的趋势。唐钰（2018）进行了我国实际缴费率偏离型分析，结果发现，企业的实际缴费率偏低，养老和医疗两项保险的实际缴费率为10.82%，远低于政策缴费率，并且国有企业的实际缴费率较高，民营企业较低。赵静（2015）利用工业企业数据及城镇住户数据同样发现，企业缴纳养老和医疗保险的总费率为9.9%，低于政策缴费率。有学者通过2010~2015年各省社会保险实际征缴水平发现，2015年全国平均政策缴费率为41.6%，而对应的实际缴费率为25.24%（杨翠迎、汪润泉、沈亦骏，2018）。郑秉文（2018）针对养老保险费率也提出，2013年我国养老保险费率过高主要体现在"政策缴费率"上，基于对2013年职工人数以及平均工资进行测算得出，当年的养老保险缴费收入应为2.7万亿元，但实际上，2013年的"正常缴费收入"仅为16761亿元，收入大约减少了1/3。还有学者通过八百多家上市公司的数据发现，企业社会保险负担率的算术平均值为 21.08%（企业本期应缴纳的社会保险费/企业本期应付工资×100%），远低于政府的缴费率，这说明企业实际社保负担低于名义水平。并且不同类型企业之间负担的差别较大，企业负担率的离散系数达到 98.96%，离散程度较高（Lei，2018）。因此，企业实际缴费率远低于政策缴费率，部分企业持续出现漏缴、少缴的现象，缴费不实的状况持续发生。

这样看来，脱离实际缴费率谈我国社会保险缴费是高是低是没有代表性的。杨波（2010）的研究也提到，评估社会保险企业投入如果仅凭法定费率①是欠合理和欠全面的，法定费率的局限性主要表现在这几个方面。首先，我国政策文件中仅规定了企业缴纳基本养老保险一般不超过企业工资总额的 20%（降费后为 16%），具体比例由省、自治区、直辖市人民政府确定。同样地，医疗保险也只给出了指导比例，再加上不少地区医疗保险统筹层次较低，其费率标准差异很大。对于工伤和生育保险更是实行的浮动费率，企业间差别较大。因此，单凭法定费率较难判断出企业的实际投入水平。其次，社会保险的缴费工资的统计口径不一致。各地通常选择将上年度（或上月）本企业职工的月平均工资总额作为缴费基数，这无疑会产生滞后效应。并且多数企业忽略企业非工资性收入从而减少实际缴费率，这会让缴费标准产生较大偏差。最后，我国社会保险覆盖面参差不齐的现象依然存在，利润率不同和经济发展水平不同的地区差异较大，这一部分在上文已经进行了梳理。

因此，现有相关研究对于企业真实社保投入做了一系列探索性的研究，初步发现我国企业实际缴费率低于政策缴费率。

二、企业社保投入对企业的影响研究

前文梳理了企业社会保险缴费现状的研究情况，那么社会保险对企业

---

① 2015～2018 年，我国五险一金政策缴费率在 30%～40%。

经济效率有什么影响？本部分分别对社保投入对企业劳动生产率、创新绩效、员工几个方面的影响进行了详细的文献梳理。

（一）企业社保投入对企业劳动生产率的影响

自 2015 年起，学界对于社保投入的关注越来越多，特别是对企业实际缴费率以及费率对企业影响的方方面面等，涌现了一批研究成果。在 2015~2017 年，此类议题在初期并未形成十分系统的研究体系，研究大多停留在对现有困境的分析、思考以及部分社会保险精算研究。自 2018 年以来，企业社会保险负担过重的声音越来越多，导致学界也开始对社保投入对于企业经营生产、劳资关系、劳动力需求、工资、就业、创新等多个方面都有了更为深入的研究，并且实证数据在此类研究中的应用越来越广泛。针对本书的研究需要，本部分主要对社保投入与劳动生产率之间的文献进行梳理。

长期以来学界和社会各界都有为企业社会保险"减负"的声音（王增文、邓大松，2009）。员工社会保险成本作为劳动力成本的一部分，与企业人力资本投入、劳动生产率、转型升级等有着紧密的联系。一些劳动经济学文献表明，由于经济发展阶段的差异，社保投入对企业劳动生产率的影响效应是非线性的。部分研究表明，社保投入对于企业劳动生产率有明显的成本效应。现有相关研究中社保投入对于企业劳动生产率存在两方面的影响。一方面，部分文献认为若企业社会保险缴费率过高可能会导致企业竞争力下降（刘子杨，2017），对于上市民营企业存在劳动力需求的挤出效应，降低就业率，对企业生产率存在负面影响（陶纪坤、张鹏飞，2016）。过高的社会保险费用还导致参保企业有逃费动机，导致保费收缴难，未参保企业没有参保积极性，出现扩面难现象（刘鑫宏，2009）。运用来自发达国家劳动力市场的微观数据，现有文献发现：在企业社保投入较高的前提下，社保投入的增加将视作雇佣税（employment tax）的一个重要组成部分，其不仅将对企业的研发创新、机器设备更新、人员培训等资金投入造成挤压效应（Dyreng and Maydew, 2018; Acharya et al.,

2013；Fairhust and Serfling，2015；Botero et al.，2004），而且还由于过高社保投入所诱发的"福利病"，造成员工自身努力程度的下降（Akerlof and Yellen，1990）。考虑上述两种因素的叠加效应，更高的社保投入将造成企业有效资本积累、有效劳动供给的不足，并将对企业生产率产生负向效应（David et al.，2007；Krishnan and Puri，2014；Dyreng and Maydew，2018）。因此，上述文献倾向认为，社保投入的增加是制约企业生产率提高的一个重要成本。在此基础上，部分文献发现：社保投入对生产率的成本效应存在较强的企业异质性。对于技术密集型、劳动密集型企业而言，社保投入对企业生产率的抑制作用更为明显（Bartelsman et al.，2016；Brambilla and Tortarolo，2018）。在高社保支出、高劳动力成本投入的前提下，企业的研发创新投入有可能受到较大抑制，侵蚀企业对于新产品研发、智能制造的资金投入，从而有可能对企业转型升级产生严重的抑制效应（何子冕、吕学静，2019）。程风雨等（2023）研究发现，为助推企业转型升级，适度调低企业社保支出的缴费比率，尤其调整养老保险的缴费比例，能有效起到降低企业成本、促进企业绩效提升的重要作用。

另一方面，部分研究表明，在社保投入处于适宜区间的前提下，社保投入对于企业劳动生产率有可能存在激励效应。部分文献认为企业社保可以促进提升人力资本结构，可吸引到更优质的人力资本从而促进企业劳动力（Ingrid，2008；程欣、邓大松，2018）。根据世界银行数据库披露的公开数据，发展中国家与发达国家的社保投入存在显著差异。对于大部分发达国家而言，其社保覆盖率远高于30%，对于法国（59%）、荷兰（46%）、比利时（46%）、德国（40%）等欧盟经济体来说，社保覆盖率更是达到或超过40%。相比之下，大多数发展中国家和新兴经济体的社保覆盖率则低于10%。运用发展中国家的微观数据，部分最近文献发现：考虑到发展中国家社保投入处于相对偏低水平，社保投入应视作国民基础性收入的一个重要组成部分。更高的社保投入、更为有效的社保政策可推动企业更加注重员工福利，从而使员工工作积极性更强，推动企业生产率的持续提升。在人力资本理论中，已有文献提出"人力资本的管理"，即提高能力、提高动机，以及提高技能。例如，提供医疗保障以及其他员工福利，已被文献证实可以通过促进员工更加努力工作而影响企业业务水平，因为员工的绩效得到了充分的回报。因此，研究提出，社会保险属于"动机捆绑"，可能在提高公司绩效方面发挥着重要作用（Sangheon Lee et al.，2017）。张金峰（2005）在分析了社会保险改革下的企业承受能力后发现，企业在经历从不缴费到缴费的阶段后仍可获得净利润，因而可以说企业总体具备缴纳社保的能力，并且随着宏观经济的良性运行，其能力还会不断增强。史潮和钱国荣（2006）将社保投入视为评估企业竞争力的一种视角，通过企业对于社会保险缴费的重视，可以看出该企业在法律意识、履行社会责任、吸纳优秀人才等方面的竞争优势。因此，社会保险越来越多地看作企业竞争力的一部分，在企业吸纳优秀人才、提升劳动生产率中扮演了重要角色。进一步地，国外学者研究发现：对于社保政策执行相对较好的发展中经济体而言，劳动力在非正规部门的"沉淀"份额较低，其对企业绩效的增长具有重要的促进作用（World Bank，2018）。因此，上述文献的一个合理推测是，在合理区间范围内，社保投入对企业生产率具有一定的促进作用。

部分研究也进一步对适宜区间、最优税率做了一定测算，例如，景鹏（2017）指出我国最优养老保险统筹账户缴费率应该介于10.77%～19.18%。还有研究以各行业就业人数为权重，计算出最优养老保险缴费率为20.48%。路锦非等（2023）运用精算模型测算得出，养老保险政策缴费率由28%降至24%时，企业的缴费负担下降16134.16亿元，下降幅度为6.49%。

通过对于社会保险与劳动生产率的文献梳理发现，社保投入对企业存在两方面的影响，一方面，过高的社会保险对企业的研发创新、机器设备更新、人员培训等资金投入造成挤压效应，不利于企业的经营发展；另一方面，部分文献认为，在适宜区间内，更高的社保投入对于企业劳动生产率有可能存在激励效应，并且随着宏观经济的良性运行，其正面效应还会不断增强（World Bank，2018）。

（二）企业社保投入对企业创新绩效的影响

社保投入对企业创新绩效的影响也被大量国内外学者所探讨。创新绩效作为企业转型升级、可持续发展的重要方面，已经被越来越多的学者关注。现有文献对于社会保险与企业创新绩效也存在两方面的观点。

一方面，在企业社保投入较高的前提下，增加社保投入对于企业的创新投资存在显著的挤出效应，这将造成企业用于研发创新的资本积累趋于不足（Acharya，2013；Fairhurst，2015），养老保险费率优惠地区的企业创新活力及研发投入力度相对较强（何子冕、吕学静，2019）。

然而，另一方面，部分文献发现：在社保投入处于适宜区间的前提下，更高的社保投入对吸引高质量人力资本、增加员工有效劳动供给具有激励作用（World Bank，2018）[①]。运用微观调查数据，部分文献发现：社保投入增加将提升劳动者的创新精神，并"倒逼"企业家更为注重管理升级、技术进步与研发创新以对冲员工福利上升的潜在影响，社保投入对企业创新具有一定的促进作用（陈怡安，2015；林炜，2013；Randall L.，1990）。

综上所述，通过文献梳理，笔者发现：社保投入对企业创新存在多元、非线性的影响效应和作用机理。部分学者认为社保投入是造成现阶段我国企业创新资源投入不足的重要原因，因此其对企业创新绩效产生不利影响；另一部分学者认为，社保投入可以有效释放员工创新精神，对企业创新具有一定的促进作用。企业社保投入对于企业创新究竟是抑制作用更强，还是促进作用更强，还未得到一致的结论。然而，要真正阐明社保投入对于创新绩效的作用，获得企业真实社保投入是一个重要的前提，现有文献多采用政策社会保险缴费率作为企业社保投入的代理变量，亟待一手微观数据对此问题进行进一步的分析。

---

① World Bank. World Development Report［R］. The State of Social Safety Nets, Washington, DC：World Bank，2018.

（三）企业社保投入对员工的影响

本部分对社保投入对员工薪资，即对于人力资本的影响进行了梳理。第一，在劳动者工资不断上涨的情况下，企业为了应对劳动力成本上升所带来的压力，有降低社保成本以维持增长的动机。因此，企业在缴纳员工社保费用时，必定会考虑企业对个体员工投入与产出的成本，以便能够最大限度地降低社保支出。第二，鉴于劳动合同的隐形约束、劳动力市场竞争不完善、劳动力调整可能与投资行为不一致（Hamermesh，1994；Abowd and Kramarz，1995），又加之经济状况是农民工二次流动的一个重要因素（John，Robert and David，1999），也就是说，员工重新找工作存在搜寻成本，人们更愿意在一个岗位建立长期固定关系。因此，我们可以推断，企业在降低一定社会保险缴费标准的同时，员工也不会大规模流失。并且，由于工资对于社会保险的替代性作用，某些低技能、低学历、流动性较强劳动者可能存在避费逃费的现象，他们更倾向于将工资全部拿到手（白洁，2019），或者去当地劳动部门自行参保。这类情况也较多发生于劳动密集型、工资成本偏高、增速偏快型企业（Yiwei，2016）。对于这部分劳动者，较高的社会保险缴费率影响到其自身的跨期消费选择，限制了其当前消费，因而也愿意接受企业不参保的安排（袁志刚等，2009；Shalev，2013）。从员工层面来说，这种自主选择或者默认不参保的行为直接影响了社会保险缴费率不实的比例。

更多的文献则阐明，企业社保投入对于员工有效劳动的激励作用存在正向影响效应，而这一优势长期以来被雇主和劳动者所忽视。对于发展中国家劳动力市场而言，企业社保投入对于稳定员工预期、激发有效劳动供给的促进作用则较为显著（白重恩，2012；David，2007；Alimov，2015）。社会福利等社会政策纠正了市场初次分配造成的不平等，缩小了收入差距，将不平等控制在可以接受的范围内。并且，还有学者从文化、幸福感角度出发，认为社会福利可以有效地提升社会团结，促进了共同文化和共同经验向不同群体衍生化（房莉杰，2019）。购买社会保险还可以显著提升农民工的幸福感，其中，购买养老保险和医疗保险对幸福感的提升最重要（程名望、华汉阳，2020）。从历史变迁角度来看，社会福利经常被用作调节阶级/阶层关系，促进社会平等、调节社会稳定和谐的重要手段。

因此，企业社保投入不仅可以视作劳动力成本的一部分，其也可视作人力资本投资的重要方面，对人力资本结构有重要影响。运用美国的劳动力社会保障数据，利伯曼（Liebman）和路特曼（Luttmer）发现，采用干预模型的识别策略，企业社保投入增加能够有效释放员工的有效劳动供给（Liebman J. and Luttmer E.，2015）。与企业社保投入偏低的分组相比，企业社保投入较高的企业分组员工的有效劳动供给将提高7.2%（Isabela，2003）。因此，虽然部分员工有选择不缴费的动机，但是缴纳社会保险对员工有一定激励作用，可以促进人力资本结构的优化。如果将社会保险看作是对经济发展的工具性产品，它为市场经济的发展营造了稳定的社会环境，提供了良好的养老、医疗、就业等外部性强的公共服务，这种行为即是一种对人力资本的投资，能够帮助企业经济均衡发展。

不少学者还表明，假如企业希望在市场上具有竞争力，那么员工必须愿意以依赖雇主的代价来获得这些生产性的技能（Hannan，2005；Heider，2015；何学松，2018）。因为员工获得了特定技能，所以企业必须增加对于员工的投资，员工才有意愿信任企业，通过更高的社保投入来防范这些防线。因此，企业提供社会保险可以更好地增加员工的忠诚度，防范有可能出现的商业危险。由于人类追求的终极目标是幸福美好生活和健康福利（诺曼·巴里，2005），合理的社会保险可以帮助解决员工的后顾之忧，提升其在本岗位的风险性和稳定性。在我国当代经济发展进程中，构建中国福利社会，强化国民归属感，聚焦发展福利制度都是必经之路（刘继同，2017）。

综上所述，一方面，现有部分研究分析了员工主动选择不缴纳社保的诸多动机；另一方面，部分也发现，社保投入对于提升员工工作积极性、幸福感等方面的作用。

三、企业社保投入对企业经济效率的影响机制研究

通过上文文献梳理发现，社保投入对于企业劳动生产率、创新精神等存在不同程度的影响，部分文献对其中的影响机制也进行了一些讨论。

（一）人力资本的激励

随着企业社保投入水平的提升，企业能够吸引更多高质量的人力资本，实现企业人力资本结构的优化，这将对企业创新能力提升产生积极影响。与发达国家不同，发展中国家由于社保投入水平相对偏低，社保投入的增加将能够有效提高劳动者的努力程度，降低管理过程中的监督成本，从而提高管理效率，促进劳动生产率增长（Akerlof and Yellen，1990；金刚、范洪敏，2018）。

张晶等（2023）的研究发现，社会保险缴费有助于提升员工专业技能，改善企业人力资本结构，提高人力资本质量，并进一步作用于劳动生产率的提高，同时这种正向影响在非国有企业和小规模企业中更显著。除此之外，部分文献也发现，高技能人群对于社会保险等保障的需求更大，更高的社会保险对于高质量人力资本存在一定影响（何学松，2018；白洁，2019；李晶莹，2010）。

因此，社会保险被部分学者认为是提升企业劳动生产率的一种重要方法，也就是通过对人力资本的激励，达到激励劳动者、刺激生产的目的。

（二）创新精神的激励

除了人力资本的激励渠道外，学界还对社保投入影响企业的其他影响机制进行了探索性的研究。

部分研究认为：对于中国这样的发展中经济体而言，社保投入可以视作有效解决人力经济学文献中所谓风险－激励平衡问题的有效方法（Baker et al.，1994；DeVaro，2007；Prendergast，1999，2002；Holmstrom and Milgrom，1991；Oyer and Schaefer，2011）。这意味着，较高的社保投入可以提高员工对长期福利的期望，从而使有效劳动、创新精神能够有效释放。社会保险显著提升了人们的获得感和幸福感（马红鸽、席恒，2019），刺激其发挥创新精神（田玲，2017）。因此，创新精神被认为是社会保险促进企业经济发展的重要渠道。

另外，也有学者提到，过高的社会保险抑制了企业在创新生产方面的投入从而抑制了企业的经营发展（姚洋、钟宁桦，2008；朱文娟、汪小勤、吕志明，2013）。赵健宇、陆正飞（2008）的研究显示，养老保险缴费降低了员工的当期可支配收入，挤压了企业创新。由于社会保险支出带来的现金流压力导致企业未来的创新产出降低。

总体而言，现阶段学者提出了创新精神是社保投入影响企业经济效率的可能渠道之一，更高的社保投入提高人们对于工作的长期预期，从而有效释放创新精神。但是，社保投入影响创新精神的机制还未得到较为一致的结论。

四、研究述评

国内外现有对社保投入的探讨为本书奠定了研究基础。从国内外相关研究时期和主要内容来看，自 2015 年起国内学界开始对社会保险缴费率这一具体问题进行较为聚焦式的讨论，但是直到 2017～2018 年，才有更多依托数据的较为深入的实证研究。国内有关研究内容主要集中在：社会保险对工资水平和劳动力供给的影响、社会保险对企业成本的挤压、社会保险与劳资关系、社会保险与企业资本－劳动比，等等。但是鉴于本书的研究需要，本章仅从企业社保投入现状、企业社保投入对于企业的影响效应、企业社保投入影响的中介机制三个有关方面进行文献梳理。相比较而言，20 世纪 30 年代以后，国外学界就有对社会保险对人的激励进行研究，普遍认为社保投入是激励工作积极性的重要渠道，部分文献也一直提倡提高劳动者福利。直到 20 世纪 70 年代至 80 年代西方国家在普遍过度福利化之后，社会保险企业支出超过企业能够承受的成本，更多研究开始关注到社会保险的负面影响效应。

从国内外相关文献的现有研究成果来看：

（1）现阶段国内学者已经对我国企业缴费不实这一现象达成了一致，大部分学者发现近年来企业逃费现象增多。不少学者也对这一逃费现象的原因进行了分析，主要是由于政策缴费率超过了部分企业所能承受的水平，特别是对于利润率相对较低的民营小微企业，此类劳动密集型企业的工人更倾向于将工资全部拿到手，通过企业希望压缩成本和工人希望将工资全部拿到手两方面的"合谋"，最终导致企业缴费不实。通过部分文献的测算发现，我国企业社会保险实际缴费率显著低于政策缴费率，并且不同类型企业的缴费率存在较大差异。因此，现阶段我国企业社会保险政策缴费率虽然在省份层面上较为统一，但是不同类型的企业实际缴费率存在较大不同，不同所有制、不同地区、不同规模、不同竞争力等企业的社保实际投入存在较强异质性。

（2）现有国内外文献对社会保险对于企业经济效率的正向和负向两方面影响都进行了探讨。现有国内相关研究大多从高社会保险缴费率角度出发，认为社保投入是抑制企业生产经营、加剧企业负担的重要因素。特别是近年来随着经济增速减缓及人口红利的消失，社会保险对于企业成本的挤压作用受到越来越多学者的关注。因此，2015 年以来，许多国内文献发现，社会保险挤压了企业成本，导致企业竞争力下降，特别是降低了部分民营企业的就业率，对企业生产率存在负面影响。当然，也有部分文献表明（Lei Shu，2018；Louis Kaplow，2015），公司若将员工的社会保障覆盖率提高，平均每个员工的平均收入也会随之提高（封进，2014），社会保险覆盖率的提升一定程度上促进了企业生产效率（周小川，2000）。然而，学者们也指出，这种社会保险缴费与企业受益之间的影响存在一定滞后期，其影响及其影响机制还有待进一步明晰，从长远角度理性看待社会保险的发展是极其有必要的。

（3）国内外学界均对于社保投入的影响机制进行了探索性的研究。部分文献指出，社会保险等福利有效地改善工人的生活保障状态，提升了其劳动产出（Gene E. Mumy，1985；Erwin Ooghe，Eric Schokkaert and Jef Flechet，2001），稳定其预期（Liran Einav，Amy Finkelstein and Maria Polyakova，2018），从而导致了企业生产效率的提升。然而，由于微观数据的限制，现有文献中关于社保投入影响企业经济效率的中介路径还未得到完全明晰。

通过上述梳理，综观社会保险研究领域，呈现出以下几个特点。

首先，宏观转微观。关于社保投入的研究方向逐渐从宏观转到微观层面，研究方向更加有针对性，结合社会实际，更加深入地就社会保险的影响效应中的一个或多个方面进行探讨。我国存在独特的经济、社会、文化体系，社会保险的问题需要具体结合我国多方面实际情况进行符合我国国情的研究。

其次，理论转实证。对于社会保险的研究方法逐渐从理论转为实证分析。过去的研究更多从制度角度讨论我国企业社会保险制度的优劣性，再加上由于企业微观数据的难以获取，研究内容更多偏向于理论讨论。2017～2018年，利用宏微观数据，这一议题得到了更深入的探索，实证计量研究成为此领域的重要方式。部分研究结合微观数据，建立定量分析模型对社会保险的缴费水平、影响效应等进行了一定的实证探索。因此，通过微观层面了解企业社会保险缴费及其影响已经成为此研究领域的大趋势。

本章对现有文献进行了梳理，同时也发现现有文献中急需解决的问题。

第一，现有文献还是普遍偏重对社会保险负面效应的研究，特别是近年来受到经济环境的影响，社会保险对于企业成本的挤压、对于工资水平和劳动力供给的影响受到广泛的讨论。然而，现有文献中缺乏对于社会保险激励效应影响的实证剖析，对于企业真实社保投入情况还有待进一步明晰。因此，本书运用微观入企样本，主要聚焦社会保险对于企业经济效率的激励效应，试图填补现有研究中对社会保险的激励效应研究不足的问题。

第二，社会保险对企业影响产生的状况不明晰，社会保险到底对企业经济效率有哪些影响？通过什么方式影响？本书通过文献梳理，在现阶段看来，社会保险对于企业经济效率的影响难以从理论上直接判断。若将社会保险看作是企业一种投资方式，企业关于社会保险的负担成本可能会转移给员工。这种转移可能导致表1–1中的几种情况，依据企业社会保险转移程度的不同，结果可能会出现企业生产率不变、下降，或是上升的情况。然而，现有文献中还没有依据实证数据得出的可靠结论，需要进一步利用微观大样本数据对社会保险的作用进行明晰。针对这一议题，用微观实证方法进行研究是必经之路，只有通过微观数据的支撑，建立实证模型，才能真实看出我国社会保险对企业经济效率的影响。

表1–1   社会保险与生产率

社保转移程度	总产值	雇佣人数	生产率
完全转移	不变	不变	生产率不变
部分转移	减少	减少	同比例减少时，生产率不变
	减少	减少	总产值减少幅度更大，生产率下降
	减少	减少	总产值减少幅度更小，生产率上升
	增加	减少	生产率上升

第三，由于数据的限制，现有文献的研究还不够深入，大多利用已经公开的宏观数据或是部分上市公司的数据进行尝试并得出了一定结论，但还是存在代表性不足的问题，而且，部分数据年份较远，研究存在一定滞后性。本书将运用大样本的微观入企数据，对我国企业社会保险负担进行全面的剖析。运用微观数据，可以对社会保险对于企业经济效率的影响及

其机制进行较为深入、细致的研究，可以有效回应现实问题，对政策制定有一定指引作用。

第三节　研究思路、研究框架和研究方法

一、研究思路和框架

（一）研究思路

本书的研究将依照问题导向层层递进，按照逻辑框架严密推论，本书的谋篇布局共分为以下八章内容。

第一章：绪论。主要提出本书的研究问题、背景以及意义；对现有文献进行梳理，紧密围绕：企业社保投入现状研究、企业社会保险对企业的影响研究、企业社保投入对企业的影响机制研究三个方面对现有文献进行总结；明确研究思路、方法，并且把握研究的创新点和不足。作为本书的首要章节，引入研究问题，为后文做背景铺垫。

第二章：概念界定与理论基础。本章将首先界定本书的基本概念，明确研究对象；其次，本章还将构建理论基础，包括福利国家的社会福利理论、"成本－收益"理论模型、人力资本理论。通过本章梳理核心概念界定和理论基础，为本书的研究提供理论支撑。

第三章：企业社保投入与企业经济效率的体系搭建。本章在上一章内容的基础上，进一步对本书的研究框架进行搭建。主要从两个方面进行推导：一是国内外企业社保投入演变历程的梳理；二是企业经济效率体系的构建。首先，通过梳理国内外企业社保投入，阐明社保投入的成效和困境；其次，通过梳理企业经济效率的构成要素，分析社保投入对经济效率的可能影响机制，为后文的研究提供框架模型。

第四章：我国企业社保实际投入的指标分析。本章首先会基于数据对现阶段企业社会保险实际缴费情况进行测算，利用微观入企数据，对我国社会保险缴费现状进行描述性统计与分析。本章先对本书的微观数据进行了来源介绍，对其中丰富的社会保险指标和企业特征进行了说明。然后分不同地区、不同年份、不同所有制、不同竞争力的企业进行了社会保险缴费情况的描述性统计。本章创新性地回应了学界对于社会保险缴费不实的观点，运用微观数据，对我国现阶段实际缴费率和不同类型企业的缴费情况进行了梳理。

第五章：企业社保投入对劳动生产率的影响。从本章开始为本书的实证分析章节，通过微观大样本数据，就社会保险对劳动生产率的影响进行了较为全面的实证分析。先进行了变量选取、模型构建、描述性统计，然后，运用基准回归、倾向得分匹配、异质性分析等方法，对社会保险与劳动生产率之间的影响效应进行了实证分析。

第六章：企业社保投入对创新绩效的影响。本章为本书的第二个实证章节，除了上一章对于劳动生产率的影响研究外，本章对社会保险与创新绩效之间进行了因果分析。同样，本章进行了变量选取、模型构建、描述性统计，然后，运用基准回归模型、中介效应模型、异质性分析等方法，对社会保险与创新绩效之间的影响效应进行了实证分析。

第七章：企业社保投入影响企业经济效率的中介机制。本章为本书的第三个实证章节，对社会保险影响企业绩效的中介机制进行了分析，本章是本书的重要解释章节，利用实证数据进一步地解释了社会保险如何对企业产生影响，通过哪几个方面影响企业的经济效率，对研究结论进行更为深入的分析。因此，通过微观数据，本部分将阐明社会保险对企业经济效率的影响路径。

第八章：实证结论、政策建议及展望。本章先对本书的研究结论进行总结，然后提出符合我国基本现状的政策建议。同时，本章也会对未来研究的方向做出进一步的展望。

（二）研究框架（见图 1-1）

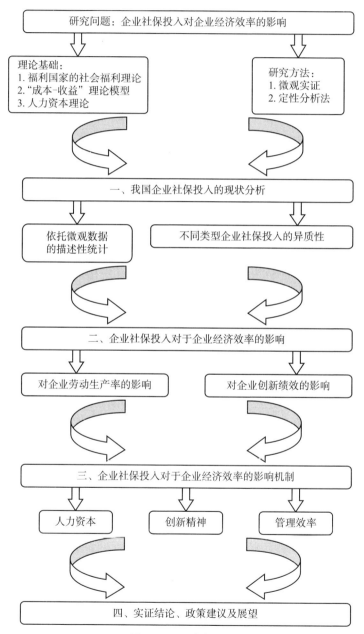

研究问题：企业社保投入对企业经济效率的影响

理论基础：
1. 福利国家的社会福利理论
2. "成本-收益" 理论模型
3. 人力资本理论

研究方法：
1. 微观实证
2. 定性分析法

一、我国企业社保投入的现状分析

依托微观数据的描述性统计

不同类型企业社保投入的异质性

二、企业社保投入对于企业经济效率的影响

对企业劳动生产率的影响

对企业创新绩效的影响

三、企业社保投入对于企业经济效率的影响机制

人力资本

创新精神

管理效率

四、实证结论、政策建议及展望

图 1-1　研究框架

二、研究方法

根据不同的研究侧重点，研究方法也有不同的分类，但每种分类之间都是融会贯通的，具体使用时也是互相补充的。本书的研究区别于一些以理论为主的研究，主要是以企业的微观实体为对象，探究企业社保投入这一现象。因此，基于本书的研究需要，主要采取"微观实证"研究方法，辅以文献梳理、理论研究等其他定性研究法。

（一）通过计量模型进行实证研究

本书最主要的研究方式是使用计量模型的定量研究法。定量分析方法是分析研究对象所包含成分的数量关系或所具备性质间的数量关系，对研究对象的性质、特征、相互关系从数量上进行分析比较。具体而言，本书主要采用计量经济学最小二乘法（OLS）的基本方法建立计量模型。以严谨的微观量化方式，对社会保险缴费率水平、影响及其机制做出稳健的实证分析。具体而言，本书将会通过微观实证调查的大样本数据，对我国代表省份企业的社保投入现状进行现状分析，进而对企业社保投入对企业的影响效应及其影响机制进行研究。同时，利用基准回归、交互项回归、稳健性检验等不同方式交叉以保证研究结果的可信度和稳健性。

因此，本书主要采用回归分析法、倾向得分匹配（PSM）和中介效应模型对企业社保投入与经济效率之间进行定量分析。除此之外，本书使用 Stata 软件进行数据分析。

1. OLS 回归

OLS 回归（最小二乘法）主要用于线性回归的参数估计，它的思路就是求出使实际值和估值之差的平方和达到最小的值，将其作为参数估计值。在现实生活中，任何事物都不是单独存在的，而是互相影响的，在经济学、管理学中更是如此。OLS 回归能够帮助建立变量之间的某种关系，客观、真实地反映一个事物对另一个事物的影响及其显著性，是计量经济学中最常见的分析方法。

为了深入探究社会保险与企业经济效率之间的影响，本书使用多种变量作为社会保险、企业经济绩效的代理变量，通过构建 OLS 回归模型，对于其二者的影响效应和显著性进行推导，是最为有效的一种方法。

2. 倾向得分匹配（PSM）

倾向得分匹配是一种为了减少结果偏差、误差等所使用的方法，该方法最早由保罗·罗森鲍姆和鲁宾（Paul Rosenbaum and Rubin）在 1983 年提出，最早应用于医学、公共卫生等等领域，后逐渐在经济学领域被广泛应用。其理论框架是"反事实推断模型"，也就是指：如果没有 A，那么 B 的结果将怎么样（其实 A 已经发生了）？需要运用反事实估计的原因在于，对于观测数据而言，往往由于缺乏随机性，而导致干预组和控制组不仅仅在干预统计量上存在不同，还在第三方变量 X 上存在区别，这就有可能导致结果的偏倚。

因此，倾向得分匹配方法可以更加深入地帮助本书进行分析，确保社会保险对于企业经济效率的影响结果是可信的。

3. 中介效应模型

中介效应模型可以分析自变量对因变量影响的过程和作用机制，考虑自变量 X 对因变量 Y 的影响，则称 M 为中介变量。简单来说，可以用下列回归方程来描述变量之间的关系：

$$Y = cX + e_1 \qquad\qquad (1-1)$$

$$M = aX + e_2 \qquad\qquad (1-2)$$

$$Y = c'X + bM + e_3 \qquad\qquad (1-3)$$

式（1-1）中 c 为自变量 X 对因变量 Y 的总效应；式（1-2）中系数 a 为自变量 X 对中介变量 M 的效应；式（1-3）中 b 是在控制了自变量 X 的影响后，中介变量 M 对因变量 Y 的影响效应；c' 是在控制了中介变量 M 的影响后，自变量 X 对于因变量 Y 的直接效应。因此，中介效应模式可以有效地看出自变量 X 对因变量 Y 影响的中介变量，本书通过中介效应检验可以看出社会保险是如何影响企业经济效率的，为实证研究提供完整性与科学性。

（二）理论研究及文献梳理等定性研究法

除了微观实证之外，本书也辅助以理论研究及文献梳理等定性研究法。定性分析方法是以归纳、观察、分析、调查、访谈等方法，根据事物所具有的属性总结其内在规律的一种方法。本书的定性研究是在定量研究的基础之上，对我国社会保险缴费进行"质"的分析，与定量研究分析互为补充。例如，本书将依托人力资本等经典理论建立本书的理论研究框架；还将利用"成本－收益"分析法对企业社保投入与企业经济效率之间进行阐述。除此之外，本书还对已有相关文献进行梳理，为本书的研究提供研究基础。通过定量与定性方式的结合，旨在全面剖析企业社保投入情况。

第四节　主要创新点与不足

一、主要创新点

（一）研究视角的创新

本书将社会保险看作是企业对于劳动力的投资，而非单一的成本，着重探究在人力资本投入的视角下，社保投入对于企业的正向影响。现有研究的视角多数集中在社会保险对企业成本增添的负担，忽略了社会保险的两面性。因此，不同于多数研究中将社会保险看作企业经营生产的"负担"，本书从微观层面厘清了社会保险对于企业经营的正向影响效应，拓宽了企业社保投入的研究视角。

（二）研究数据的创新

本书利用一手实地调查数据进行实证研究，此数据是新常态背景下较为全面的企业微观层面数据，按照严格的入企调研方式，掌握了较为真实的企业数据。因此，本书的创新点体现在使用上述微观数据对社保投入的问题进行了实证分析。现有关于此研究领域的讨论，大多是基于宏观层面的数据，或是某些上市公司的数据。本书通过微观大样本数据，对我国不同类型企业的社会保险缴费率、社保投入影响及其机制进行了微观实证研究。本书还运用数据引入企业和员工两方面匹配数据，在同类研究中比较完整地证明了企业社保投入的异质性状态。

（三）实践应用的创新

本书通过实证分析发现社保投入对企业经济效率有正向激励作用，有效解决企业社会保险缴费动力不足这一现实问题。当前企业少缴、漏缴社会保险费用的情况时常发生，本书紧密结合这一现实问题，为企业理性看待社保投入提供了依据。本书着重强调在合理区间内更高的社会保险可以更好地释放劳动者生产效率，提升我国企业的经营发展，为政府未来出台相应政策建议提供了实证参考。因此，本书的研究有一定的现实意义，对解决企业社保投入动力不足这一现实问题提供了科学性建议。

二、不足之处

本书存在一些不足之处，首先，本书缺乏理论突破。本研究主要立足于对现实问题的分析和把握，测算社保投入对于我国企业的影响及其机制，并提出相应政策建议，缺乏理论层面上的突破。

其次，本书主要提出在适宜区间内，更高的社保投入对于企业经济效率存在正向影响。然而，其对于企业经济效率的影响在何种区间内是正向影响，到达何种临界值后是负向影响这一个较为复杂的问题，未能完全对于取值范围和临界值进行有效测度，这将在笔者未来的研究中进一步明确。

最后，本书在梳理各国的社保投入部分时发现，各国的实际费率与政策费率可能存在差异。然而，由于各国实际缴费率的数据较难获取，本书只在可获取的文献和资料的基础上进行了比对分析，因此可能会出现部分国家社保实际缴费率和政策缴费率存在偏差的现象。但是，由于本书主要是对我国企业社保投入的分析，因此最终结论未受到偏差的影响。

第二章

概念界定与理论基础

本章主要界定核心概念，以及梳理基本理论。首先，为了更好地界定研究对象和内容，本章对企业社保投入与经济效率相关概念分别进行了阐明。其次，为了更好地为本书的研究提供理论依据，本章阐明了福利国家的社会福利理论、"成本－收益"理论模型和人力资本理论以及其在本书中的运用。

第一节　概念界定

一、企业社保投入相关概念

在对相关问题展开研究之前，首先需要厘清相关概念。目前，我国社会保险的缴费分担主体是国家、企业和个人，由参保企业和个人依法按月缴纳，具有强制性、普遍性、福利性等特征。本书所谈到的"社保投入"指的是企业方承担的社保缴费部分，具体包括养老保险、医疗保险、生育保险、失业保险、工伤保险以及部分公积金的缴纳。现阶段，我国养老保险和医疗保险的缴费方式是部分累计制，采取社会统筹与个人账户相结合的方式，既有再分配性质，也有一定的积累制，但再分配的性质更明显，例如，对于城镇职工养老保险，职工工资的 16%（降费前 20%）进入社会统筹，工资的8%进入个人账户，社会统筹的规模更大；而失业保险、工伤保险和生育保险是现收现付制，完全是再分配性质。本书主要从企业方的社保投入的维度出发，细致地观察企业在缴纳社会保险当中的角色与现状，梳理现阶段企业承担社会保险缴费的具体程度，对我国企业良性运行和社会福利可持续发展提供参考。

（一）社会保障

在西方社会，社会保障（social security）主要是指有关保障公民收入和基本需要的内容，例如社会保障和社会救助，是以政府和社会为责任主体的福利保障制度的统称。而在中国，社会保障的定义略微有所不同，最大的区别在于我国的社会保障概念的外延更大，例如，我国的社会保障包括社会保险、社会福利、优抚安置、社会救助和住房保障等各种有关公众福祉的内容，是国家和社会对全体社会成员生活建立的各类保障的总称。本书沿用目前学术界的主流定义，社会保障是国家和社会提供的各项社会保险制度、社会救助制度、社会福利制度等的统称。本书谈到的社会保障是指包括社会保险在内的一系列提供给人们的福利保障，除了社会保险基本生活保障外，还包括优抚安置、住房保障等各种其他生活福祉。社会保障的概念在本书中相比社会保险的外延要更大。

（二）社会保险

结合学界长期的定义，社会保险可以定义为：社会保险是以劳动者为保障对象，以劳动者的年老、疾病、失业、生育等特殊情况为保障内容的一项基本生活保障政策。它采取的是被保人与雇主共同出资的方式，目的是保障员工基本生活，维护社会安定。

社会保险（social insurance）的概念通常容易和社会保障相混淆，认为社会保险就是社会保障。然而，对于社会保险的定义，主流学术界已经有明显区别于社会保障的定义。社会保险制度最早起源于19世纪80年代的德国，当时的德皇是将社会保险的内容创建为疾病保险、工伤保险和养老保险。对于我国社会保险的具体内容，1994年出台的《中华人民共和国劳动法》已经做了明确的界定：国家发展社会保险事业，建立社会保险制度，设立社会保险基金，使劳动者在年老、患病、工伤、失业、生育等情况下获得帮助和补偿。这确定了社会保险的具体范围，即养老保险、医疗保险、工伤保险、失业保险和生育保险。因此，社会保险的定义其实是较为明确的，是由雇主和雇员一起缴费以保障雇员养老、医疗、生育、工伤、失业等方面的需求，这也是本书所使用的定义。

（三）企业社保投入

如果说社会保障是整个社会福利大类的总称，社会保险是其中养老、医疗、失业、工伤、生育五种保险制度，由雇主和雇员共同承担。那么，本书所谈的企业社保投入就是依据国家法律法规，企业方需要强制性为员工缴纳的保险费率，也就是单位为员工缴纳部分以及单位在员工工资中扣除部分的加总。如表2-1所示，我国养老保险和医疗保险是政府、企业、个人三方共同承担，而失业、工伤和生育保险基本上是企业独自承担，企业在社会保险中扮演着重要的角色。本书所说的企业社保投入是企业的所有缴费部分，即为员工投入的社会保险缴费。

表2-1　　　　　　　　　　社会保险的承担主体

社会保险类别	承担主体
养老保险	政府、企业、个人
医疗保险	政府、企业、个人
失业保险	企业、个人
工伤保险	企业
生育保险	企业

各个国家，甚至各个地区在社会保险企业承担的缴费额上呈现较大差别，甚至一些地区的实际缴费额和法律法规的政策缴费额存在一定区别。

分地区来看，根据世界银行所披露的信息，社会保险费率最高的是欧洲等福利国家，根据美国社会保障署相关年份的分地区《全球社会保障计划报告》整理计算可知，2016～2018年企业社会保险缴费率水平从高到低依次是欧洲（18.6%）、非洲（11.4%）、亚太地区（10.6%）和美洲（10.5%）（朱小玉等，2020）。在降费之前，我国企业和个人缴纳的五险名义费率之和为38.25%～38.75%（养老：单位20%、个人8%；医疗：单位6%、个人2%；失业：单位1%、个人0.2%；工伤：单位0.75%；生育：单位0.5%），已经成为高社会保险政策缴费率的国家之一。

（四）人力资本投资

人力资本投资的概念是以人为主体，对人进行教育、技术培训等方面的投资，投资主体可以是国家、企业、社会团体、家庭、个人等；投资对象是人。人力资本投资旨在通过对人的投资，获取未来增值的劳动产出或带来相应的其他收益。在实际操作过程中，人力资本的投资可以有许多方面，例如最普遍的教育投资，通过增加人的知识存量，以此促进其劳动产出或带来收入的增加；除此之外，人力资本的投资还有职业技术培训、健康投入、择业过程中所发生的人事成本和迁徙费用。在本书中谈到的人力资本投资（人力资本投入）主要是指企业对员工个人进行的健康、养老、生育、失业等基本生活方面的保障投资，通过对个人基本生活方面的投入和保障，使其达到提高其工作产出、稳定其预期、解决其后顾之忧等目的，从而提升企业整体的经济效率。本书多处将社会保险看作人力资本的投资，即企业给员工缴纳社会保险保障其生活，解决其后顾之忧，作为激励员工释放其有效劳动供给的方式。

二、企业经济效率相关概念

通常来讲，企业的经济效率就是要用尽可能少的成本获得更高的利润。在微观经济学中，经济效率的定义是：在不损害其他人的利益下，而使资源配置发挥其最大效用，常被称为"帕累托标准"（Pareto criterion）。经济效率一词本身的外延较大，但是本书着重聚焦于企业产出端的效率，也就是企业的生产经营效率。

衡量企业经济效率的方式有很多种，按广义来分一般包括财务指标和非财务指标。本书选取劳动生产率和创新绩效两个指标来衡量企业的经济效率。首先，企业经济效率与劳动生产率之间有紧密的联系。劳动生产率衡量的是生产者的生产能力，而企业要提高经济效率，劳动生产能力的提升是首先要解决的问题。其次，创新绩效也是衡量企业经济效率的重要方式。企业创新是企业经济效率可持续发展的根本动力，特别是在如今企业转型升级的关键节点，创新绩效是衡量企业经济效率可持续发展的重要方面。总的来说，劳动生产率代表了企业的基本劳动效率，创新绩效一定程度上代表了企业收益的未来预期，本书通过这两个方面的指标衡量，一定程度上代表企业经济效率情况。当然，企业经济效率还存在许多其他指标，由于篇幅所限，本书无法对所有企业经济效率指标进行逐一衡量，因此选取了劳动生产率和创新绩效两个较有代表性又互补的变量。

综上所述，本书的主要研究对象是企业社保投入，即企业方依据法律法规，需要强制性为员工缴纳的五险总费率。本书主要探究在人力资本的激励视角下，企业社保投入对企业经济效率，即对企业劳动生产率与创新绩效两个方面指标的正向激励作用。

第二节　理论基础

为了更深入地依据理论基础建立研究模型，本节选取福利国家的社会福利理论、"成本－收益"理论模型和人力资本理论进行系统性的梳理，并阐明了三个理论在本书中的应用。

一、福利国家的社会福利理论

本部分对于福利国家的社会福利理论的探讨主要聚焦于该理论所提出的公平和效率相结合的观点，社会福利理论中关于社会福利与经济发展之间动态关系的描述以及一种适度广覆盖式的社会保障模式，可以有效地为本书后续对企业社保投入的研究提供理论支撑。

（一）社会福利界定及其发展

首先，本书将回溯到社会福利这一概念。汉语"福利"是由"福"和"利"两个字组成的，但是福利这个词最初来源于"福祉"，福祉包含着物质和精神两个层面上的好处。福利一词最早出现在《后汉书·仲长统列传》中，在这里，福利主要指物质层面上的"幸福和权益"，除此之外，福利还指向精神层面，强调人们的幸福感和满足感。社会福利这一理论与"福利"这一词紧密相关，现有文献中对社会福利进行了不同的理解，主要分为广义与狭义。（1）广义上看，只要与国家财政所支付的"公共"或"社会"计划有关的都属于社会福利，包括：社会救助、社会保险、公共卫生等，都称为福利；（2）狭义上看，社会福利针对社会弱势群体，涉及社会救助、社会服务，例如针对老年人、残疾人、孤儿、优抚对象提供的福利服务。因此，社会福利是对社会特定群体提供的一种保障。

蒂特马斯（1958）将社会福利分为三种模型：一是剩余型社会福利；二是工业成就型福利；三是制度化的再分配型社会福利，强调了家庭、个人、国家三方的不同力量。其中，工业成就型指的是：福利提供的依据在于个人的工作表现和生产成果，福利具有激励和对勤奋工作予以补偿的经济作用，同时也具有满足阶级或群体归属的社会心理作用。这部分模式强调福利按劳分配的原则，强调社会福利应该是对勤奋者的激励和其归属感的建立。然而，无论是哪一种模式，都很难将所有国家的所有社会福利全部都包括进来，并且，社会福利往往具有多面性，而不是呈现单一的特点。

社会福利呈现出不同流派。西方古典社会福利的思想强调自由放任主义，国家不干预经济社会事务。国家只做一些有限的、必要的干预。最开始提出这一思想的代表人物有亚当·斯密、李嘉图等。马克思主义的社会福利理论的基本价值观是自由、平等和集体主义。民主社会主义的社会福利理论，即是平等、自由和互爱，主张建立全民性的社会福利，再对特殊人群给予选择性措施。新自由主义的社会福利理论强调自由的市场经济，强调个人主义的责任，主张重新界定国家的角色，反对提供全民性的福利。

随着社会福利的不断演变，最为被大众所接受、应用度最高的是新自由主义的社会福利理论，其思想则更为明晰：为了促进社会经济效率，需大大削减社会福利支出，实行多元化、私有化和市场化。具体来说，主要的内容有以下几点。

1. 限制国家权力，缩小国家机构

弗里德曼（1986）提出，他认为保险方案和养老金方案造成了巨大的官僚机构，引起了生产的低效率。因此，他提出了：削减现有的社会保障计划，代之以所得税。通过所得税来激励人们对于工作、创新等的积极性。当然，他同时提出，不可能完全取消福利制度，更重要的是在福利、效率和负担三者之间寻求均衡。

2. 建立社会市场经济

弗赖堡学派提出实现大众福利的理想方式是建立"社会市场经济"。艾哈德（1995）分析了社会福利和经济的关系，他认为，现代国家中社会福利支出的不断增加需要以不断增加国民收入为前提。在国民收入没有大幅度增加的情况下，单纯用增加社会福利支出的办法来实现大众福利，会招致国家财政的负担过重的问题。并且，不利于经济的稳定增长和健康发展，最终使社会福利成为无源之水。提出这一观点的主要原因在于：第一，政府充当"守夜人"角色的时代已经过去了，当代政府应该承担一定的社会经济责任；第二，太过于完善的社会福利会抑制公民的才干和创业精神得到充分的发挥；第三，社会政策要以经济政策为前提，社会福利只有在充裕和不断增长的国内生产总值的基础上才能得到有效发展，因此，保证高速、稳定的经济发展是实行社会福利的重要前提。由此看来，新自由主义的社会福利思想实际上是在削减政府的无谓支出，提倡依靠市场的自然力量建立社会保障制度。

最后，庇古（Arthur Cecil Pigou）的《福利经济学》将资产阶级福利经济学系统化，标志着其完整理论体系的建立。庇古是英国最著名的经济学家之一，他是剑桥学派的主要代表之一。庇古指出：福利是一个人获得的效用或感受到的满足，因此福利包括广泛的内容，包括自由、安全、家庭幸福等。他认为福利分为广义和狭义两个方面。广义的福利指的是社会福利，社会福利的范围较大，是难以进行研究和计算的。狭义的福利指的是经济福利，经济福利是可以用货币来计量的。庇古指出：正是由于经济福利是可以直接或间接地与货币相联系的那部分总福利，国民收入是可以用货币衡量的那部分社会客观收入……所以，经济福利和国民收入是对等的。通过此，国民收入就是衡量经济福利的有效指标。进而，他根据边际效用技术论提出了两个福利的构想：一是国民收入总量越大，社会经济福利就越大；二是国民收入分配越是均等化，社会经济福利越大。因此，他主张适度的资源配置，使国民收入达到最大值，消除收入分配的不均。

（二）福利国家理论及其发展

在西方社会，社会福利发展到一定阶段，就会演变成了福利国家（Welfare State），许多西方国家在社会福利发展历史上都经历了福利国家这一阶段。

首先需要对福利国家进行一个准确的定义。福利国家最早出现在威廉·坦普尔（William Temple）的《公民与教徒》中，随后即被1942年的《贝弗里奇报告》所广泛引用。之后布里·格斯（Asa Briggs）在《福利国家的历史透视》里对福利国家有较为明确的定义：福利国家运用国家组织的力量，第一，保证个人和家庭的最低收入；第二，保障个人和家庭不会受到"社会意外事件"，例如年老、疾病、失业、死亡等的影响，避免个人和家庭面临突发危机，保证国民的基本生活不受影响；第三，不论公民的地位和阶级，保证在一定范围内的社会服务领域中向所有公民提供所能得到的最好服务。因此，福利国家是在市场经济的条件下，防范社会风险和保障生活水平的一种政策，从本质上说是公共物品的一种工具。福利国家将福利看作是公民的一种政治权利，保护其养老、医疗、住房、教育等的最低标准。如果向更深层次挖掘，人道主义思想是福利国家制度产生的更深层次原因，强调生而为人的价值，维护人的尊严、权利，因此才会出现福利国家的全民保障制度。

西方福利国家起源于第二次世界大战之后，为了保障国民生活，西方国家，特别是西欧，建立了所谓的"福利国家"。英国《贝弗里奇报告》可以说是促使英国等欧洲国家建成福利国家的最初指导思想，这份报告所主张的社会福利制度可以被概括为"3U"思想：普享性原则（universality），不论公民的职业、阶级为何，都应该被覆盖统一的社会保险以预防风险的发生；统一性原则（unity），建立统一的社会保险机构；均一性原则（uniformity），公民应根据需要发放，而不是按照收入状况发放。因此，在这种思想的指导下，从1948年7月5日这一天开始，英国国民开始享受了国民保险，标志了西方开始建立福利国家的新篇章，从此现代资本主义历史翻开了新的一页。那个时期的福利国家被社会各界大力赞扬，被认为"国家是输送福利的最适合力量"，从20世纪初到70年代中期是福利国家迅速发展繁荣的阶段。

在20世纪70年代之后，福利国家普遍出现了一定程度的危机。起初是由石油危机引起的经济危机导致世界经济出现了"滞胀"局面，失业增长，财政赤字上升，高昂的福利开支让政府财政不堪重负的同时，还削弱了福利国家的市场竞争力，其高福利、高工资、高补贴、长假期的制度，形成了一批坐享其成的懒汉。加之经济全球化的趋势，第三世界国家的廉价商品大量进入西方市场，对福利国家的市场造成了较大的冲击，使本国生产竞争力减弱。从福利国家产生的可预见的"福利病"现象，让许多欧洲国家意识到高标准的社会福利并不是长宜之计。福利国家强调公民应该享受普遍的社会权利，无论公民的职业、收入，都应该由政府或公共组织出面解决各种社会福利、生活保障的发放与实施，这对于提高国民稳定生活、缓解社会矛盾、促进生产率的发展都有促进作用（刘青瑞，2014）。然而，福利国家的极端是"福利病"，也就是政府提供了过多的生活保障从而削弱了个人的积极性，抑制了生产率的提升。可以说，那时候的福利国家的弊端已经非常明显：其一，最为明显的是过高的福利影响了经济效率的提高。马克思实际上也是反对福利国家的，他认为福利国家的建立并没有改善不平等的问题，反而影响了资源再分配的效率。其二，过高的福利还对国家财政预算产生了负担。由于社会福利的开支过大和预算入不敷出，部分福利国家形成了财政赤字，对其他公共物品的发展产生了抑制效应。这样，福利国家的改革已经势在必行。因此，西方经济学界也提出了福利国家的重要理论：社会保障的建立和福利国家的存在，不仅仅是由于"社会正义"的需要，它也是出于"经济效率"的原因。所以，社会福利国家的"经济效率"是衡量社保投入多少的重要指标，既不能完全将福利当作一种发放品"养懒人"，也不能让国民生活失去基本生活保障，在保证国民基本生活的基础上，还要确保经济效率得到良性发展（彭华民，2009）。

20世纪90年代后，各国人口老龄化、财政危机、经济全球化等转变和冲击，让福利国家逐渐向"社会化""私人化""国际化"的趋势发展。"私人化"的主要内容是规定收益制下的公共账户转为规定缴费制下的私人账户，这种方式将政府部门集中管理社会保险基金转变成为私人基金公司的分散竞争性管理。其他一些东亚国家也吸取了福利国家的教训，发展了更适应其经济社会发展的社会保障制度（罗纳德·伊兰伯格，2012）。因此，不少学者认为社会保险金的改革提高了效率，实现了激励与公平的兼容。

（三）公平和效率的统一

经过了长时间的发展，福利国家不仅仅是以人道主义为主要指导政策，福利国家的目标更如同其他经济政策一样，需要实现效率、公平和可管理（景天魁，2010），福利国家的改革势在必行，具体来说，福利国家改革的目标主要有以下几个方面。

第一，保证效率：保证国家宏微观效率，尽量避免可能造成的费用扩大，实现有效率的分配。福利供给应该以优化就业、储蓄、劳动效率为目标。

第二，维持生活水平：政策应该以消灭贫困，或是降低贫困程度为依据，保证国民生活水平高于最低标准。使人们在面对突发性事件时，有能力维持其现有的生活水平。并且，福利的提供应该使人的收入实现合理的再分配，保证人的基本生活水平不受到影响。

第三，社会融合：除了社会福利的经济目标之外，其社会目标也十分明显，即维护人的基本尊严。贝弗里奇在其报告里强调社会保险缴费的重要性：通过强制性的社会保险，人们感受到自己的需求可以得到保障，他们不再把所获得的保障视作个人的权利。

第四，组织团结：常被欧洲等国提到的目标是促进组织团结，激发人的服务价值。

福利国家从"养懒人"模式逐步转变为保证效率与维持公平相结合的方式。当然，社会保险作为社会保障体系中保障员工权益的一项制度，公平正义是其制度属性。其本质是风险分散机制，通过再分配手段来保证社会公平（李珍，2013）。以养老保险为例，在我国"统筹账户和个人账户相结合"的养老保险模式中，"统筹账户"中的基础养老金具有公共性质，可进行高收入者与低收入者之间收入再分配，以缩小不同群体间的收入差距，这是养老保险制度公平属性的内在要求。而基础养老金的再分配效应主要体现在社会成员纵向代内收入再分配和横向代际收入再分配，在代内间将高收入者的部分收入转移给低收入者，在代际间实现年轻人与老年人的财富转移。这种收入再分配通过养老保险资金筹集和待遇发放两个方面对社会成员的养老金进行统筹与调剂，实现缩小贫富差距和社会公平的目的（威廉·配第，2010）。社会公平正义需要完善的社会保险制度来维护，反之只有建立在社会公平正义基础之上的社会保险制度才能更好地促进社会公平。

然而，我们也可以看出，随着社会的不断发展，极端公平是不可取的。随着社会保障制度发展的推移，更多的福利国家在强调保证效率、维持生活水平、社会融合，这一目标与我国社会保险制度目标实际上是相同的，都是要在效率和公平之间找到平衡点，那么到底社会保险的效率在哪里，公平在哪里，还有待进一步探索。

综上所述，社会福利理论从古典社会时期——李嘉图和亚当·斯密已经开始主张社会福利要与市场经济相结合，反对国家干预；到之后的新自由主义福利思想家提出，社会福利要与经济以及国民生产总值相匹配，并且社会福利要"保护"与"激励"统一，既能满足公民的基本生活需求，又防止过高的福利对劳动的抑制效应。我国现今对于社会保险的争论可以说和历史上许多国家曾经面临的困境相似。我国正处于社会主义发展的初级阶段，过高社会保险抑制了企业经济效率的发展、加剧了财政负担；过低的福利又被认为剥夺了国民追求更高生活保障的权利。一个民主的社会主义国家总是会不断地寻求最优解，虽然平等和效率之间的冲突是不可避免的，但是在制定福利时在平等中注入一些合理性，在效率中注入人道主义，也就是经济效率和社会公平的和谐统一。

福利国家的社会福利理论是本书的重要理论模型。福利国家的社会福利理论强调公平和效率的高度统一，也就是扩大社保投入的覆盖性和提升效率两方面都十分重要。并且，福利国家理论强调：对国民的福利是防范社会风险和保障生活水平的一种政策，福利国家将福利看作是公民的一种政治权利，保护其养老、医疗、住房、教育等的最低标准。当然，过高的社会福利则会造成政府财政负担，影响经济效率的提高。社会福利与经济效率之间的关系呈现出一种"倒U型"，在初期，社会福利的提升会是刺激劳动力积极性和维护社会稳定的有效方式，但是当社会福利过高超过承受能力的时候，就会造成部分人的劳动积极性下降。因此，这种社会福利水平与经济效率之间的关系需要在一定范围内寻求一种平衡，这种动态的关系为本书的社保投入研究提供了理论支撑。

二、"成本－收益"理论模型

"成本－收益"理论模型是本书的一种重要分析模型，被用作从更为长远的视角看待社保投入的收益。"成本－收益"是经济学中的一个普遍的研究投入和产出的方法。起初，"成本－收益"还只是运用到对厂商行为的分析层面，而随着研究的发展，"成本－收益"的分析用到了更多的研究领域。

（一）"成本－收益"概念界定

本书使用"成本－收益"理论模型对社保投入的效应进行分析，是贯穿本书分析的一个基本理论：企业是理性经济人，在投入社会保险时会考虑其收益，如果收益大于投入，企业将会乐于，甚至加大社会保险的投入。

"成本－收益"的概念首次提出是在19世纪法国经济学家朱乐斯·帕帕特的书中，被作者定义为"社会的改良"。到1940年，美国经济学家尼古拉斯·卡尔德和约翰·希克斯又对这一概念进行了重新界定，形成了"成本－收益"分析的理论基础，即卡尔德－希克斯准则。具体而言，"成本－收益"分析是指用成本和收益的价值来对一个项目进行评价，如果考虑选择某个方案，那么这个方案的收益需要超过其成本，也就是说，如果一个项目或者一项政策的成本大于其收益，那么我们说这个项目应该实施。它是衡量一个项目或一项政策总体价值的一个有效途径。本书认为，无论是企业还是员工都是理性决策人，员工在缴纳社会保险时候会权衡后期给自己带来的收益，企业在缴纳社会保险时也会考虑社会保险将会带来的收益，在此基础上作出理性选择。只有在收益和成本之间保持大致平衡时，才会使得政策执行得到最大发挥效果。

随着这一方法的成熟，"成本－收益"理论模型开始用于政府决策中，被世界各国的政府和大型组织广泛采用。例如 1939 年美国的洪水控制法案，成本收益分析广泛应用于防洪项目的评估。从此"成本－收益"分析就在公共政策领域得到了广泛应用，它可以尽可能地确定公共政策是否对整个社会而言实现了净效益的最大化，成为公共领域重要的评估手段之一。经过了几十年的发展，随着经济发展，政府在决策中更加重视项目支出的经济和社会效益，而"成本－收益"分析方法也得到了青睐，广泛应用于世界各国的经济、社会决策中。"成本－收益"分析理论可以有效地杜绝形形色色的"形象工程""政绩工程"等，约束公共项目的决策过程。"成本－收益"分析给予我们一个重要的启示，就是从多维度、多角度审视"效益"的概念，那么，我们如何从多角度来看待社保投入的多重效益？

（二）"成本－收益"理论模型的应用

"成本－收益"理论模型的前提是追求效益的最大化，从事经济活动的主体，总是力图用最小的成本获取更大的收益。在社会保险缴费企业与政府的博弈中，企业总是试图压低缴费额度，以获得更多的收益（亨利·M. 莱文，帕特里克·J. 麦克尤恩，2006）。从纯经济学角度看，收益大于成本的预期是人们行为的基本出发点。"成本－收益"理论模型可以帮助我们决策，再比如，如果有几个替代方案的情况下，它可以帮助我们了解哪个方案的收益相对于其成本最大。因此，将"成本－收益"理论应用于本书的研究是十分合理且有效率的。虽然社会保险缴纳是国家强制性政策，但是任何一项政策都不能偏离"成本－收益"的审视。那么，在缴纳社会保险时，何为企业成本？何为企业收益？

第一，具体从企业社保投入的成本的角度来说，一是直接成本，二是间接成本。在微观经济学中，成本是指厂商在生产活动中所支出的各种生产要素的资金，包括机会成本、生产成本、交易成本等。也就是说，在经济学中成本包括显性成本和隐性成本。显性成本的含义十分明晰，就是对一项物品的物质投入，那么隐性成本就是，除了对一项物品的物质投入之外，为了这项投入所放弃的其他机会、为了这项投入所产生的其他交易费用、管理费用称为隐性成本，也就是间接成本。事实上，人们通常理解意义上的成本和经济学家眼中的成本存在差别。那么对于本书研究的议题来说，成本由以下两部分组成。

（1）直接成本：最为明显的是，企业缴纳社保投入了一定的物质成本，也就是为员工缴纳社会保险所付出的实际费用，这是最直接的成本。它是企业给一名员工从入职试用期一直到离职期间支付的所有社会保险费用，包括养老、医疗、生育、工伤等所有费用的支出。这一笔支出是根据各地政策制定依法执行，但现实中可能会出现企业按照自身的经营情况按比例缴纳的情况。企业为员工缴纳的社会保险就是经营过程中的直接（显性）成本。

（2）间接成本：不可否认的是，企业缴纳社会保险需要承担一定的间接成本，也就是隐性成本。间接成本指的是企业在缴纳社会保险时的所有人工费、办事费、时间成本等。例如征缴社会保险的交易费用，即企业为了征缴社会保险而产生的记录、管理的支出；还有企业设置社会保险专员等产生的招聘培训费用和员工工资福利支出、运行管理等日常支出的费用，均称之为间接成本。

第二，从社会保险收益的角度来看，可以分为短期收益和长期收益。企业是追求利润最大化的群体，在什么条件下才能实现利润最大化，这就需要对成本与收益进行比较分析。在微观经济学中，收益是指厂商能出售商品的收入，一般分为总收益、平均收益、边际收益。而大众常说的，厂商追求利润最大化，这里的利润仅仅指的是经济利润，而实际上一个企业的收益是包括许多方面的。以缴纳社会保险费用为例，除了企业的纯经济收益之外，企业的生产效率、管理效率、研发创新等方面的提升，均称之为收益。

首先，短期收益：企业的收益主要是针对可以用货币测量的指标，例如企业当年的货币收入，可以用来评估企业对员工进行一些社会保险的投入是否可以增加其利润。长期的社保投入也会使员工长期与企业合作而促进生产效率的提升，提升企业的经济效率。如果企业当年的劳动生产率提升、员工结构稳定、劳动力创新产出提高，则我们可以说这是企业缴纳社会保险获得的最直接受益。

其次，长期收益：除了经济收益之外，另外一种衡量收益的方式是，保持所有者投入的原始资本的价值不变，超过投入的实际生产能力的部分的收益。尽管利润是企业收益最重要的一个方面，但是绝不是收益唯一的组成部分。不同阶段员工带给企业的收益不尽相同，由于企业提供社会保险能够更好地留住人才，减少人才流失而造成的新员工培训成本，因此无形中企业的新员工招聘、培训等成本也会减少。并且，企业缴纳社会保险能够吸引到更高层次、更高技能的人才，满足了人们日益增长的对美好生活保障的需要，从而提高员工的忠诚度。还有，社会保险还可以提高员工的稳定性和积极性，对其他人力资本存在吸引作用，拓宽企业的人力资本边界。企业缴纳社会保险帮助企业更好地履行社会责任，对政商关系都有较为深远的影响。

现有的研究大多关注与社会保险的抑制效应，较少从"成本－收益"角度评价社会保险影响效应。部分学者在分析社会保险企业投入问题时将社会保险单纯地看成一种成本，在考虑企业收益时单一地强调企业投入，而忽略其收益。"成本－收益"理论告诉我们，投资者在决策时通常会通过"成本－收益"分析，保证自己对存在收益的行为进行投入。假设社保投入是存在提高员工工作效率、工作积极性等的正向收益，那么社会保险就存在多重影响效应。

从目前社会保险与企业经济绩效的情况来看，也许有些企业所获得的收益与社保投入的成本并不相称，或者从短期看来没有得到明显的效益，甚至还处于亏损阶段。但从长远利益看，社保投入是企业对人力的投资，对企业生存发展有促进作用，是真正把企业"做强做大"的重要方法。因而不能完全按照一个市场化项目的评估来衡量它的投入与产出，其真正价值还要从长远的企业利益进行评估。

三、人力资本理论

本书运用的另一个重要理论是人力资本理论，具体来说，是人力资本的激励理论。上文已经对福利国家的社会福利理论和"成本-收益"理论模型进行了详细的论述，福利国家理论是对本书社保投入效率与公平的指导思想、"成本-收益"理论模型是对社保投入与企业经济收益的分析方法，那么人力资本理论则是社会保险对于企业经济效率影响的中介机制的指导思想，也就是说，社会保险通过激励企业的人力资本从而提高整体效率。本书将社会保险看作人力资本的激励手段，进而提高企业经济绩效，此理论可以较好地帮助本研究解释社会保险影响企业绩效的内在机制。

（一）人力资本理论界定及其发展

从古典经济学起就已经开始了对人的经济价值的思考，威廉·配第（William Petty）第一个严肃地肯定了人的经济价值，他提出了"劳动是财富之父和能动要素"的重要理论，把商品价值的大小归结于劳动者劳动生产率的高低。在配第之后，德国经济学家恩斯特·恩格尔（Ernst Engel）也充分认定了人的价值，他提出人的经济价值由两部分组成：第一部分是人的成本价值；第二部分是人的投资价值。早期经济学家阐述得十分明确的是，在所有的投资中，最重要的是对人的投资。对人价值的认可为人力资本理论的形成奠定了基础，可以说，现代人力资本理论与人的经济价值思想是分不开的。

人力资本理论开辟了当代经济研究的新领域。在传统西方经济学理论中，只有少数经济学家看到了对人的投资在生产中所起的作用，并且，这些思想并没有成为经济学的主流，也没有形成完整的理论体系。著名经济学家萨伊就指出，由于人要花费一定成本获得技能，同时人的技能又会增加其生产力，所以它应该被视作资本。萨伊（1803）在其著作《政治经济学概论》一书中数次明确提出，人们经过学习或其他方式获得的技能应当视作资本。因此，萨伊已经明确意识到人力资本是以往投资积累的结果，并且随后将要得到回报，所以劳动者报酬中除了包括一般工资收入外，还应当包括人力资本投资的收益。除此之外，另外两位英国古典经济学家，李嘉图学派的约翰·斯图亚特·穆勒（John Stuart Mill,）和麦克库·洛赫（John Ramsay McCulloch,）在人力资本领域也提出了重要的观点。穆勒说到，每个人从婴儿到被抚养成人，要花费某个人或数个人大量的劳动。对于个人来说，这些劳动不构成生产劳动，但是对于整个社会来说，不论是体力还是脑力的，都是社会完成其生产活动所用劳动的一部分。穆勒（1859）实际上是从生产劳动的角度揭示了教育培训、医疗保险所具有的人力资本投资的功能。穆勒（1859）还提出了人力资本投资的不同将导致收入分配的差异，即熟练工人与非熟练工人的报酬差别本质上正是对熟练工人以往各种学习耗费的补偿。经过数代经济学人对于人力资本理论内延外扩的不断探索，人力资本理论将人的知识、能力作为促进经济增长的巨大源泉加以系统、全面的论证，其将人的能力看作一种投资，因此对于人的投资可以看作是提高经济效率的重要方式。

从本质来讲，经济学家们还是把物质因素作为经济增长的唯一方式，人力资本的质量一直被忽视。在那个时候经济学家们还没有完全意识到：经济发展主要取决于人的质量，而不是自然资源的丰脊或资本存量的多寡（T. W. Schultz, 1961）。随着世界经济的发展步入一个新阶段，人力资本学家舒尔茨（T. W. Schultz）等形成了"人力资本理论"，他是最早在1960年提出这一理论的学者，但是舒尔茨当时并未提出明确的、具体的人力资本定义，他仅对人力资本做了一定的理解：人力资本就是对人的投资，这种向人的投资能够"提高人的知识技术，增加人的劳动生产能力的价值"。

之后，加里·贝克尔（Gary Becker）在其著作《人力资本》（1964）

中对人力资本的概念做了详细定义。他认为，所有用于增加人的资源并影响其未来货币收入和消费的投资称为人力资本投资，主要有教育支出、保健支出、劳动力国内流动支出、移民入境的支出等。这一提法基本上得到认同并延续至今。人力资本投资与物质资本投资最大的不同在于，人力资本存在于诸多形式。人力资本投资是一种开放性的行为，凡是能够带来"人的素质提高并增加其生产效率"的行为都可以称作人力资本的投资。后来，亚当·斯密进一步提出人力资本投资的思想，他是最早明确地将人或人的能力划归为固定资本。他提到所有国民都可以通过教育、培训等获得才能，通过后天培养从而获得劳动能力，从而提高工作效率。贝克尔（1964）认为人力资本投资强调的是通过对人的投资提升人的能力，他提出了对人的投资不仅包括最重要的教育和培训，还包括对人的医疗、养老、迁徙等多个方面，也就是明确了人力资本的投资方向，在医疗、养老、教育培训领域对员工的投入可以有效提升经济效率，那么具体在社会保险领域，也就是社会保险对于养老、医疗等的投入，可以视作人力资本投入的重要手段。在现代生产中，劳动生产率的提高已经成为经济增长的最主要因素之一，通过对于人力资本的投资，提高人的生产能力，提高劳动生产率，从而促进经济增长。

在现代生产中，要使人们能稳定地工作，产生劳动生产率，仅仅靠人的能力、技能无法完全适应生产的需要，往往还要靠稳定的生产环境、全面的生活保障，才能提高人全面适应生产的能力，促进经济效率的增长。企业只有对人力资本进行持续的投资，才能提高劳动者处理复杂事务的综合能力。因此，加里·贝克尔（1964）等人提出了人力资本报酬函数，也就是说劳动者取得收入的能力作为人力资本投资的结果随时间推移而增加，对人力资本的投资会促使其劳动效率和劳动能力的提升，从而增加其工资报酬。

（二）健康人力资本

人力资本存在许多不同类型，不同类型的人力资本之间存在相互补充、替代的关系，人力资本类型中的一个重要方面是健康人力资本，放在企业中也就是医疗健康保险投入。劳动者的健康、体力、精力直接影响到其生产效率的发挥，无论从提供的工作总量还是从单位时间内的工作数量与质量来看，劳动者的健康都直接影响了人力资本的效率和收益率。舒尔茨（1961）指出，人力资本投资的内容包括：人在学校接受的教育费用、在职人员培训费用、健康保健费用、为取得良好的就业机会个人或家庭进行的迁移费用和其他提高人力质量投入的综合。那么，人力资本投资中与本书的研究最为贴切的就是有关健康人力资本的投资，也就是企业向员工提供医疗保险等福利。

健康人力资本通常需要通过医疗、保健等途径获得，雇主提供的医疗保险就显得尤为重要，医疗保险一定程度保证了劳动者在精力充沛、身体健康、医疗保障及时的情况下，发挥其所具有的人力资本的最大效用。具体来说，健康人力资本投资降低了人口死亡率、延长了预期寿命。根据舒尔茨（1990）的《论人力资本投资》，表明这种健康人力资本投资存在两方面的意义：首先，生病时间的减少和生命周期的延长为劳动者提供了更多的健康时间；其次，健康的身体促进了每个工时的产出增加，二者的作用都是提高劳动生产率。舒尔茨还运用定量研究方法对健康水平和生产力之间做了研究，通过对印度农业产出增长情况的回归分析发现，死亡率下降促进了劳动生产率的提升，这充分证明了健康保险投资对于人力资本形成以及对劳动生产率具有促进作用。因此，健康人力资本理论指明了健康保障对于人力资本的重要性及其对于生产力的促进作用。部分经济学者也提到：人的寿命延长可以降低人力资本的折旧率、延长收益期，进而提高人力资本的收益率（朱必祥，2005），这都是在强调员工拥有健康保险的重要性。

经过梳理，健康保险人力资本投资带来的经济效益有以下三个方面。

第一，健康保险直接提高了劳动者参与生产的时间和劳动效率，人的寿命延长可以降低人力资本的折旧率、延长收益期，提高了现在和未来的人力资本质量，促进了现在和未来的生产率的提升。

第二，健康人力资本的提高增加了其他人力资本投资的激励作用。人的寿命延长、精神状态的提升，将会促进其努力工作、学习，从而增加其人生阅历、工作经验、知识技能，有助于人力资本的积累。

第三，健康人力资本还可以提高经济资源的利用率和配置效率。健康人力资本的投资有助于保证人们拥有健康的身体，从而节省不必要的医疗资源，可以把稀缺的资源配置到社会的其他方面。

综上所述，人力资本的健康投资提高了劳动者的劳动效率、有助于人力资本的积累、合理配置了资源。因此，在本书的分析中，可以将社保投入看作企业对员工的人力资本投资，目的是解除员工的养老、健康、教育、失业等后顾之忧，从而提高员工的劳动生产率，促进企业整体利润的增长。

（三）人力资本对企业的助推效应

人力资本的投资主体有个人、企业、家庭等，而本书主要探讨的是企业作为人力资本的投资主体。具体对于本书来说，主要研究的是人力资本中的企业投资主体。一般来说，企业所需要的人力资本可以通过两种方式获得：一是直接从市场上购买或租赁；二是企业直接对劳动力进行投资，本书其实就是将社会保险当作人力资本投资的一种手段，强调企业缴纳社会保险是为自己培养人力资本。那么企业为什么要自己进行人力资本的投资？第一，人力资本最重要的是要为企业所用，企业只有专门针对员工进行匹配化的投资，才有可能将人力资本的效用发挥到最大，这就要求由企业进行主要投资。如果只用从人力资本市场购买，可能会出现不忠诚、不匹配、效率低下等情况；第二，企业需要通过人力资本的投资对人员进行维护，从而提高劳动生产率，带来更多的利润。也就是说企业人力资本其实是稳定员工、减少培训新人成本的一种手段（赵耀辉，2019）；第三，企业人力资本投资是企业文化建设和履行社会责任的重要手段，企业对人力资本进行投资可以提升企业的整体社会形象，不失为建设企业凝聚力的有效方法。

　　古典经济学中也有大量学者对于人力资本投资的重要性展开了论述。马歇尔（1890）认为所有的投资中，最有价值的是对人本身的投资。而人的知识和技能是一种资本，经济增长主要来源于对人力资本的投资。研究指出，人力资本积累的效应，依据形成的途径可分为流量效应和存量效应。流量效应指通过新增投入提高人力资本的水平，存量效应主要指发挥既有人力资本对人力资本提升或对新的人力资本形成的影响。进而，人力资本对经济增长的作用也基本上从两方面来考察，前者主要通过人力资本的投资促进人力资本的形成和积累，进而影响经济；后者主要通过既有人力资本促进新的人力资本形成和积累，进而影响经济（赵斌，2019）。企业作为"理性人"，对人力资本的合理配置实质上就是在特定环境和制度的约束下，"理性人"权衡利弊之后对人力资本的积累程度以及如何使用作出的理性选择，而合理的人力资本的投资影响到经济增长。理论的早期提出者舒尔茨也指出了人力资本投入的重要性，他提到，企业如果只是注重设备、生产要素、单一的劳动投入，不增加对人力资本的投入，经济社会的长期发展就不能持续。在《人力资本投资》一书中，舒尔茨明确了人力资本投资理论的主要观点：一是提出了人力资本投资的概念与范围。人力资本投资包括所有增加人的资源从而导致未来货币和物质收入增加的活动。即为了提高人的能力和素质进行的投资，包括对人的体力、智力和能力等的投资，例如医疗保健、学校教育、培训学习、变换就业机会的人事成本和迁移等费用支出。二是提出了人力资本投资比物质投资更加能够提高经济效率，即"投资人"是最能提高经济效率的方式，可以带来更多的经济效率。三是特别强调了教育培训在人力资本体系中的地位。四是突出了合理的就业流动的重要性。

　　人力资本理论表明人力资本对于劳动生产率的改进与提高存在明显的推动作用。前文也提到，对健康投资能够促进劳动生产率的提高（朱舟，1999）。通过医疗保险及其他人力资本投资活动，提高人口的总体健康水平和生活水准，人力资本的健康投资可以提高劳动生产率进而对经济增长至关重要。人力资本投资的另一个重要方面表现在：人力资本投资不仅仅是一项投资，同时也能为投资者带来心理效应。投资者对人力资本进行了投资，就会倾向于更加信任劳动者，企业与劳动者建立更为和谐的劳资关系，从而对企业整体的发展有促进作用。

因此，人力资本理论已经十分明确：人力资本是决定经济增长的重要因素。第一，人力资本的提高将直接导致劳动者生产效率的提高。其中一个原因是，劳动者身体素质的提高会增强其有效工作时间，提高单位时间内其工作强度和效率。因此，劳动者身体素质越高，其生产效率也越高。第二，劳动者人力资本的提高还会导致物质生产要素使用效率的改善和提高。人是生产过程中唯一的能动要素。一方面，通过劳动者技能的提高，原有物质资本或物质生产要素的利用效率会提高，例如，提高设备完好率，增加产品精度；另一方面，人力资本的发展还会直接推动物质资本的不断更新。第三，人力资本的提高有助于提高整体管理水平。由于管理者素质的提高会促进管理的科学化，形成有效的激励机制，实现高效率。第四，人力资本的提高会提升整体收益。因此，人力资本是经济增长的最强推动力（张凤林，2006）。

综上所述，上文论述了人力资本的概念和本质，可以看出人力资本的定义可以概括为：对人投资而形成的存在于人体中并能带来未来收益的付出，且以知识、技能及健康因素体现的价值，而其对企业的重要性体现在以下两个方面。

第一，人力资本投资理论重新审视了不同生产要素在企业经济增长中的地位和作用。人力资本投资理论一定程度说明了不可再生的自然资源以及可再生的实物资本对企业经济增长的贡献率会逐步下降，而人力资本在经济增长中的作用则会逐步上升。"人"是促进经济增长和发展的真正动力。

第二，人力资本理论对许多经济、民生问题、反贫困问题提供了新的决策参考，人才是竞争制胜的关键，对人的投资可以有效促进经济效率的提升，为政府、企业、家庭以及个人的行动决策提供了理论支撑。

本书认为，企业社保投入中的养老保险、医疗保险等就相当于企业对员工的养老和健康投资，按照人力资本激励理论，这种企业对员工人力资本的投资会带来经济效率的增长。因此，依照人力资本理论，本书将推导出社保投入对人力资本的激励效应。

第三节　本 章 小 结

本章分为概念界定与理论基础两大板块。首先，本章对本书用到的基本概念做了界定，包括社会保障、社会保险、企业社会保险缴费率、人力资本投资、企业经济效率等。其中，特别是对本书的研究对象：企业社保投入做了一定界定，明确了本书的研究对象是从企业角度出发，探究企业社保投入对于企业经济效率的影响及其机制。除此之外，明确了本书的"企业经济效率"是以劳动生产率和创新绩效两个指标来衡量。

其次，本章对本书使用的理论及其应用做了详细的论述。第一，福利国家的社会福利理论所提出的公平与效率的统一是本书对于社保投入研究的指导思想。福利国家提出：社会福利投入在各国发展的初期常常被用作对于员工的激励，当其上升超过一定限度时，过高的福利才会导致"养懒汉"的情况。这种福利投入与经济发展之间的"倒 U 型"动态关系构建了本书的研究思路，用来解释当社保投入处于适宜区间内时，社保投入可以作为激励员工生产的有效方式。第二，"成本－收益"理论模型是本书对于社会保险与企业经济效率之间的分析工具，即当社会保险缴费的收益大于成本时，企业作为理性经济人会选择积极缴纳社会保险。第三，人力资本的激励理论是本书中介机制研究的理论模型，即将社会保险看作人力资本的激励方式，企业社保投入通过对于人力资本的激励，提高其生产效率，从而提高整体经济效率。通过上述分析，初步对本书的研究建立理论基础。

最后，图 2 - 1 给出了本书使用的三个理论及其在本书的应用。

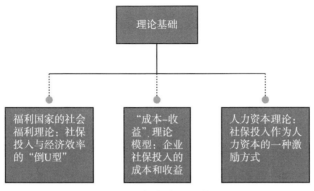

图 2 - 1　本书的理论基础

第三章

企业社保投入与企业
经济效率的体系搭建

本章是本书的研究框架搭建章节，通过对社保投入发展历程的梳理与企业经济效率构成要素的分析，为后文的实证研究提供严谨的逻辑框架结构。首先，本章对企业社保投入演变历程进行梳理，具体分为我国的社保投入历程梳理和国外典型国家社保投入历程梳理两大部分。通过上述比对分析，提炼出现阶段企业社保投入的成效和困境。其次，本章还对企业经济效率体系进行了搭建，主要是明确企业经济效率的构成要素以及社保投入对其可能的影响机制，从而定义本书的研究框架，为后文的实证研究奠定基础。

第一节　企业社保投入演变历程梳理

一、我国企业社保投入历程演变

为了对社保投入进行全面的分析，本部分首先进行了历史回顾。我国社会保险制度经历了从中国古代社会保险思想，到中国近代的社会保险思想，再到新中国社会主义时期。众所周知我国是重农之国，主要是自给自足的小农经济。在早期发展时期，自给自足的小农经济禁锢了保险向高层次的发展，加之我国历史上战乱、灾荒频繁，形成了只有"积蓄"实物才会"饱暖"的思想。这种思想导致每一个小农经济实体没有相互之间的互相保障意识，而是如同车辐一般向心于朝廷，形成了单一的社会保险体系。因此，我国古代的社会保险思想主题是以政府为主体的"赈灾""积蓄以备灾荒"，还没有达到真正意义上的企业社保投入。

到了旧中国国民党政府时期的社会保险，仍然是以政府为主体。孙中山先生认为，第一，社会进化以民生为重心，古今一切人类之所以要努力，就是因为要求生存。第二，要解决人类的生存问题，就必须使社会上大多数人的经济利益相调和，要为大多数谋利益，大多数有利益，社会才会进步。第三，人类进化的原则是互助，他说：人类与物种的不同在于，物种以竞争为原则，人类则以互助为原则。第四，国家是国民社会互助的本体，道德仁义是社会互助的产物。第五，人类进化的目标，就是孔子所说的"天下为公"，人不独亲其亲，不独子其子，由国家保障人民老有所终，幼有所养。因此，旧中国阶段尤其重视公平分配的问题，社会事业范围广泛，人民保障强调再次分配的公平性，旨在引导社会走向接近经济平等的途径（康国瑞，1983）。因此，纵观民国时期的社会保障是以残疾老幼者的救济为主，例如，1929年南京成立社会局，正式成为近代南京实行社会保障政策的主要机构，主要负责失业登记与救济、开办救济院、兴办平民工厂等业务。由于民国时期灾荒还是频繁发生，民国政府也颁发了许多赈济方面的法规。总的看来，这一时期国民政府建立的社会保险体系还是以赈灾、救济为主，社会保障的对象主要是传统社会的一些灾民、难民、鳏寡孤独、残疾人，之后也逐渐扩大到妇女、失业者、工商业者。民国时期建立的社会保险制度，为我国现代化社会保障制度的发展奠定了基础。

到了中国社会主义时期，加大社保投入、覆盖更多的劳动者一直都是我国政府十分重视的问题，社会保险也从单一承担逐渐发展成多方共同承担的局面。现代社会保险经历了从配套措施到治国重器、从二元分治到城乡统筹、从效率优先到公平共享、从单项突破到协同推进（白维军，2016）。自1951年起，我国社会主义社会保险体系基本建立。1951年，国家颁布《中华人民共和国劳动保险条例》，代表着中国城镇职工的劳动保险制度的诞生，该条例规定：企业必须每月缴纳员工工资总额的3%作为劳动保险金，该劳动保险金全部由企业负担不得在员工工资内扣除，同时也不得向员工另行征收。企业每月缴纳的劳动保险金，其中30%存于中华全国总工会，作为劳动保险总基金。70%存入基层工会，作为劳动保险基金。从表面上看是企业缴纳劳动保险金作为基金的主要来源，但是在当时计划经济时代的背景下，企业是依附于国家存在的，是国家执行各种政策的载体，因此本质上看，国家为企业的社会保障承担了无限责任。1969年发布了《关于国营企业财务工作中的几项制度的改革意见》，文件规定国营企业一律停止提取劳动保险基金，企业的各项社会保险支出全部由企业自己负担，改在"营业外支出"部分，这标志着由国家承担无限责任的社会保险制度演变成了由企业承担责任的保障形式，此项制度一直延续到了改革开放前。

1978年，我国开始实施由社会主义计划经济向市场经济的改革，这项改革举措代表着我国改革开放前的与计划经济制度相适应的由企业全部承担责任的保障形式已经无法适应当下我国经济体制，新的社会环境要求社会保障制度进行相应的改革，我国就此开启了具有中国特色的社会保障制度的探索。在我国全面建设社会主义市场经济之后，国家、企业的"大锅饭""铁饭碗"被打破，社会保险事业的发展不断面临着挑战。随着经济体制改革的发展，这就导致我国大概有6000万名国有企业和集体企业的职工下岗，为了稳定社会环境，国家开始大规模建立失业人员社会保障，这是我国从劳动保险转变为社会保险改革的第一步。在这之后，社会保险逐渐成为国家治理的一项支柱型制度。

在发展过程中，经济体制改革关键性地牵动社保投入的发展。随着计划经济向市场经济的转变，也对社保投入提出了新的要求。20世纪80年代初期进行的国有企业"放权让利"改革，使企业基本上独自负担员工的社会保险责任，造成了企业间的苦乐不均。以养老保险为例，1986年我国开始推行"统账结合"的模式，该制度起初是为了做大个人账户。但是，我国对于社会不同群体承担不同的社会责任的模式，导致社会保险公平性的损耗（白维军，2016）。例如，对于企事业人员，起初政府是以全部财政拨款方式承担，而对于企业职工，大部分是由企业自身承担，根据国家政策，企业按照自身经营状况承担。对于农民群体，政府的保障就显得更为薄弱，各种社会风险大多需要自己承担。随着制度的逐渐运行和国情国力的不断发展，我国对于社保投入地位的认知有了极大的提升，逐渐对社会保险有了新一轮的改革，将"社保蛋糕"做大、做实，覆盖不同类型的所有人群。

随着改革的不断发展，社会保险的覆盖面越来越大，纳入人群越来越多，企业缴费率越来越高。从 2018 年起，社会保险基金参保人数和收支情况如图 3 - 1 和图 3 - 2 所示，2018～2022 年我国三项社会保险基金参保人数基本稳定并逐年递增，其中，养老保险参保人数从 2018 年的 94293 万人增加至 2022 年的 105307 万人。并且，2018～2022 年三项社会保险基金收入从 2018 年的 5.7 万亿元增加至 2022 年的 7.2 万亿元，可以说基金收入有显著提升。因此，2018～2022 年，我国社会保险覆盖面稳步扩大，纳入人群越来越多，基金收入也呈显著上升趋势。

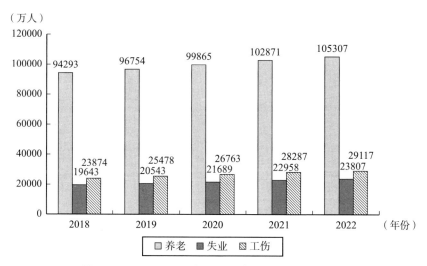

图 3 - 1　2018～2022 年三项社会保险基金参保人数

资料来源：《2022 年度人力资源和社会保障事业发展统计公报》。

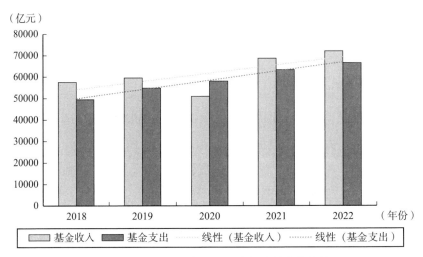

图 3 - 2　2018～2022 年三项社会保险基金收支情况

资料来源:《2022 年度人力资源和社会保障事业发展统计公报》。

　　随着社保投入体系发展越来越壮大,也出现了一些不同的声音:不少研究表明,社会保险存在"税收非中性",也就是社会保险征收影响了经济运行机制,改变了个人的消费、储蓄、投资行为等,社保投入负担的诟病不绝于耳。还有一些企业认为高社会保险缴费率抑制了其经营发展。然而,也有一些学者发声表明,我国企业社会保险缴费率并不完全等于政策缴费率,不同所有制、不同类型的企业在实际缴费上存在较大差异,例如,国有企业可获得优惠价格生产要素,合规缴纳社会保险费,然而民营企业往往要以高价格获得要素资源,这就导致其在社会保险方面就缩减支出(郑秉文,2019)。有学者分析我国社会保险政策缴费较高的原因有以下几点:首先,我国社会保险体系相对健全。而不少发展中国家的保险体系发展得还不成熟,社会保险项目不齐全,总费率就会相对较低一些。其次,各国社会保险费率统计口径不一,融资来源不同。例如,许多英联邦国家实行国民卫生服务体系,为所有国民提供免费医疗服务,因此医疗保险费用不需要国民缴纳。最后,各国的福利制度理念不尽相同。我国近年来随着经济发展,人们对于基本生活保障逐渐重视,在养老、医疗等方面的投入也持续加大，这都是导致企业社会保险缴费率较高的原因。然而，在实际操作中，企业之间的实际缴费率存在不同程度的差别。

总体来看，改革开放四十余年间，对于我国社保投入发展过程，许多学者都做了一些总结，岳经纶（2008）认为我国社会保险制度从开始的旧制度调整新制度酝酿，到重大变革，再到目前政策出现明显的民生导向，纳入人群和缴费标准逐步提高（岳经纶，2008）。刘钧（2005）同样将我国社会保障改革分为试点探索阶段（1984～1993年）、全面开展阶段（1994～2000年），以及修改完善阶段（2001年至今）。可以看来，在这四十余年间，社会保险经历了从"旧"到"新"，从"探索"到"发展"的阶段。社会保险从刚开始的单一负担，到企业、政府、个人三方共同负担，并且，社会保险的覆盖面越来越广，纳入人群越来越多，城乡差异也逐渐减少。

然而，2012年以来，我国社保投入也出现了一些新问题。一是主要由于人口老龄化带来的一系列问题。如图3-3和图3-4显示，我国超过65周岁以上的老人逐年递增，2022年老龄人口已经达到20978万人。我国以前的养老、医疗保险是现收现付制，但是，随着人口老龄化的压力越来越大，在公平和效率的决策面前，基本选择应该是效率优先、兼顾公平，因此，我国从现收现付制度改革成为统账结合的模式，也就是实行个人缴费、建立个人账户。在新旧制度的转轨阶段，对于年轻一代的员工来讲，按规定缴费，退休后就可以得到替代率适中的养老金。但是对于老职工来讲，靠余下的工作年限缴费是无法满足其养老需求的，这就需要企业和年轻职工的缴费来支撑（张洪涛、孔泾源，2008；邓大松，2019）。这样一方面解决了部分老龄化带来的冲击，但是会导致企业少缴、漏缴部分社保金额，直接导致了社保"空账"问题。这样就导致政府财政兜底的压力加剧，根据财政部公布的"2023年中央社会保险收入预算表"显示，2022年中央社会保险基金收入376.20亿元，其中保险费收入209.07亿元，财政补贴收入 124.72 亿元，占基金总收入的 33.1%。①

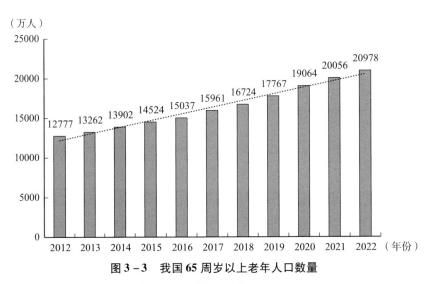

图 3-3　我国 65 周岁以上老年人口数量

资料来源：根据历年《中国统计年鉴》数据资料整理。

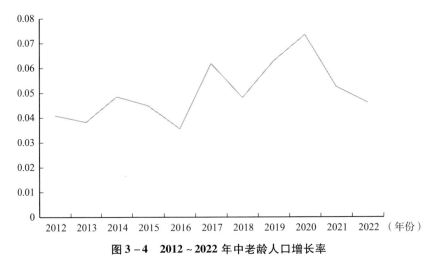

图 3-4　2012～2022 年中老龄人口增长率

资料来源：根据历年《中国统计年鉴》数据资料整理。

---

①　2023 年中央社会保险基金收入预算表［EB/OL］. https：//yss. mof. gov. cn/2023zyczys/
202303/t20230327_3874789. htm，2023 - 03 - 27.

二是筹资模式从企业缴费逐渐到国家、企业、个人三方分担。在社保改革的这么多年间，我国筹资模式逐渐多样化。在计划经济时期，由于就业类型单一化，社会保险缴费全部是由企业缴费，但是实际上是由国家财政在兜底。而在改革后，现代社会保险制度由国家、企业、个人三方共同承担。

二、我国企业社会保险费率改革及高费率成因

（一）社会保险费率制度变迁

自党的十八届三中全会提出要适时适当降低社会保险费率以来，我国社会保险费率相关制度不断地在进行改革。2015 年 2 月 25 日，国务院常务会议提出为了进一步加大对小微企业和创新型企业的减税降费力度，将失业保险费率由现行条例规定的 3% 统一降至 2%，单位和个人缴费具体比例由各地在充分考虑提高失业保险待遇、促进失业人员再就业、落实失业保险稳岗补贴政策等因素的基础上确定[1]。此次会议是在"适时适当降低社会保险费率"的精神提出后，我国首次对于社会保险费率进行下调的政策，表明我国已经在为通过降低费率而减轻企业负担做出努力。在 2015 年 6 月 24 日召开的国务院常务会议上，会议决定在已降低失业保险费率的基础上，从 10 月 1 日起，将工伤保险平均费率由 1% 降至 0.75%，并根据行业风险程度细化基准费率档次，根据工伤发生率对单位（企业）适当上浮或下浮费率；同时将生育保险费率从不超过 1% 降到不超过 0.5%；工伤保险和生育保险基金超过合理结存量的地区应调低费率[2]，会议指出，适当降低社会保险费率是为企业减轻负担的重要措施。此次会议将社会保

---

[1]　国务院常务会议（2015 年 2 月 25 日）［EB/OL］. https：//www. gov. cn/guowuyuan/gwyc-why201507/.

[2]　国务院常务会议（2015 年 6 月 24 日）［EB/OL］. https：//www. gov. cn/guowuyuan/gwyc-why201520/.

险费率降低的类别拓展到了三类，更进一步为企业减负，自 2015 年 2 月提出降低失业保险费率以来，失业保险、工伤保险、生育保险、医疗保险和养老保险五类社会保险已经有三类保险进行了降费改革，这三类保险的降费政策的目的均是帮助企业减轻负担，促进企业发展。但是养老保险和医疗保险这两个占比较大的险种并未进行降费的调整。在 2016 年 4 月 13 日国务院常务会议上，会议决定从 2016 年 5 月 1 日起两年内，对企业职工基本养老保险单位缴费比例超过 20% 的省份，将缴费比例降至 20%；单位缴费比例为 20% 且 2015 年底基金累计结余可支付月数超过 9 个月的省份，可以阶段性降低至 19%。同时将失业保险总费率由现行的 2% 阶段性降至 1% ~ 1.5%，其中个人费率不超过 0.5%①。此次会议，对于占比较大的养老保险缴费比例进行了调整，20% 左右的养老保险单位缴费比例对于企业而言是一项占比较大的成本、此次对于企业职工基本养老保险单位缴费比例的下调对于企业而言是一项降低用工成本、减轻企业负担的重要举措。同时这意味着，在现有的五类社会保险中，仅有医疗保险未进行降费的调整。2017 年 2 月，人力资源社会保障部和财政部发布《关于阶段性降低失业保险费率有关问题的通知》，从 2017 年 1 月 1 日起，失业保险总费率为 1.5% 的省（区、市），可以将总费率降至 1%，降低费率的期限执行至 2018 年 4 月 30 日。在省（区、市）行政区域内，单位及个人的费率应当统一，个人费率不得超过单位费率。具体方案由各省（区、市）研究确定②。本次对于失业保险费率的下调是 2015 ~ 2017 年的第三次调整，此次下调之前，全国范围内已经存在 10 个省份将费率下降至 1%，并且没有出现影响参保人员享受的待遇标准的情况，本次调整是在确保基金运行平稳的前提下做出的，这次调整进一步减轻了企业的压力。2018 年 4

---

① 国务院常务会议（2016 年 4 月 13 日）［EB/OL］. https：//www. gov. cn/guowuyuan/2016 - 04/13/content_5063747. htm? plg_nld = 1&plg_uin = 1&plg_auth = 1&plg_nld = 1&plg_usr = 1&plg_vkey = 1&plg_dev = 1.

② 关于阶段性降低失业保险费率有关问题的通知［EB/OL］. https：//www. gov. cn/xinwen/ 2017 - 02/17/content_5168805. htm，2017 - 02 - 17.

月，人力资源社会保障部和财政部发布《关于继续阶段性降低社会保险费率的通知》，自 2018 年 5 月 1 日起，企业职工基本养老保险单位缴费比例超过 19% 的省（区、市），以及按照《人力资源社会保障部 财政部关于阶段性降低社会保险费率的通知》单位缴费比例降至 19% 的省（区、市），基金累计结余可支付月数（截至 2017 年底）高于 9 个月的，可阶段性执行 19% 的单位缴费比例至 2019 年 4 月 30 日。按照《人力资源社会保障部 财政部关于阶段性降低失业保险费率的通知》实施失业保险总费率 1% 的省（区、市），延长阶段性降低费率的期限至 2019 年 4 月 30 日。与此同时，在保持八类费率总体稳定的基础上，工伤保险基金累计结余可支付月数在 18（含）至 23 个月的统筹地区，可以现行费率为基础下调 20%；累计结余可支付月数在 24 个月（含）以上的统筹地区，可以现行费率为基础下调 50%。降低费率的期限暂执行至 2019 年 4 月 30 日。下调费率期间，统筹地区工伤保险基金累计结余达到合理支付月数范围的，停止下调①。2015～2019 年的费率调整依据了不同保险基金结余情况，基金累计结余在不同统筹地区的情况不同，费率调整的情况也存在不同。2019 年 4 月，国务院办公厅发布《降低社会保险费率综合方案》，方案指出自 2019 年 5 月 1 日起，降低城镇职工基本养老保险（包括企业和机关事业单位基本养老保险，以下简称养老保险）单位缴费比例。各省、自治区、直辖市及新疆生产建设兵团（以下统称省）养老保险单位缴费比例高于 16% 的，可降至 16%；目前低于 16% 的，要研究提出过渡办法，同时继续阶段性降低失业保险、工伤保险费率②。该项政策的目的依旧是减轻企业负担，从而保证企业在稳定发展的同时保证社会就业情况，养老保险作为占比较大的保险，其费率从 20% 到 16% 的下调，降低了企业社会保险缴费负担，在一定程度上又缓解了企业用工成本，有助于企业的发展。

---

① 关于继续阶段性降低社会保险费率的通知［EB/OL］. https：//www. gov. cn/xinwen/2018 – 04/27/content_5286300. htm，2018 – 04 – 27.

② 国务院办公厅关于印发降低社会保险费率综合方案的通知［EB/OL］. https：//www. gov. cn/zhengce/zhengceku/2019 – 04/04/content_5379629. htm，2019 – 04 – 04.

2020 年 2 月，人力资源社会保障部、财政部和税务总局发布《关于阶段性减免企业社会保险费的通知》，就阶段性减免企业基本养老保险、失业保险、工伤保险（以下简称三项社会保险）单位缴费部分做出以下的决定："一、自 2020 年 2 月起，各省、自治区、直辖市（除湖北省外）及新疆生产建设兵团（以下统称省）可根据受疫情影响情况和基金承受能力，免征中小微企业三项社会保险单位缴费部分，免征期限不超过 5 个月；对大型企业等其他参保单位（不含机关事业单位）三项社会保险单位缴费部分可减半征收，减征期限不超过 3 个月。二、自 2020 年 2 月起，湖北省可免征各类参保单位（不含机关事业单位）三项社会保险单位缴费部分，免征期限不超过 5 个月。三、受疫情影响生产经营出现严重困难的企业，可申请缓缴社会保险费，缓缴期限原则上不超过 6 个月，缓缴期间免收滞纳金"[1]。2020 年受新冠疫情影响，企业停工停产导致大量企业无力支撑高额的社会保险缴费成本，因此国家结合实情发布了关于阶段性减免三项社会保险单位缴费的政策决定，帮助企业渡过难关减轻企业的负担，同时考虑到不同企业承受新冠疫情风险的能力以及不同省份所面临的新冠疫情冲击程度，设立了不同的减免政策，帮助企业减轻因新冠疫情冲击造成的生存威胁。2021 年 1 月，人力资源和社会保障部养老保险司长聂明隽表示，阶段性减免社保费是一项临时性支持政策，2020 年底已经到期，三项社会保险费从 2021 年 1 月 1 日起已按规定恢复正常征收。同时，考虑到新冠疫情风险仍然存在，部分企业压力可能较大，规定阶段性降低失业保险、工伤保险费率政策 2021 年 4 月底到期后，将再延长 1 年至 2022 年 4 月 30 日[2]。2021 年，虽然新冠疫情已经得到基本的控制，但是新冠疫情带来的冲击对部分企业而言仍然是存在的，通过降费政策缓解企业压力仍然是必要的。2023 年 3 月，人力资源社会保障部、财政部和国家税务总局

---

① 人力资源社会保障部 财政部 税务总局关于阶段性减免企业社会保险费的通知［EB/OL］．https：//www.chinatax.gov.cn/chinatax/n810341/n810755/c5144708/content.html，2020 - 02 - 20.

② 降低失业保险、工伤保险费率政策延至 2022 年 4 月 30 日［EB/OL］．https：//www.gov.cn/xinwen/2021 - 01/26/content_5582656.htm，2021 - 01 - 26.

发布《关于阶段性降低失业保险、工伤保险费率有关问题的通知》，继续实施阶段性降低失业保险费率和工伤保险费率的政策，实施期限延长至2024年底①。持续性对社会保险的降费政策，表明我国社会保险费率过高的问题仍然需要得到进一步的解决，从而才能帮助企业减轻社会保险缴费负担过重的压力，促进企业发展活力，有助于稳定就业。

（二）社会保险费率制度变迁原因

1. 减轻企业负担

从2015年降低社会保险费率政策颁布开始，我国五项社会保险总费率不断降低，但是相比较其他国家而言我国的社会保险费率仍然存在费率较高的问题，在社会保险缴费中由单位缴纳的部分又占据着较大的比例，这些较大比例的支出对于企业而言是一项较大的成本，特别是对于一些中小企业而言，较大比例的社会保险缴费率更是一项较大的成本负担，这些成本会阻碍企业的发展，导致企业竞争力下降。因此，我国实施降低社会保险费率政策与减轻企业经济压力是密不可分的。据人力资源和社会保障部就业促进司司长张莹介绍可知，2020年企业养老保险、失业保险、工伤保险这三项社会保险一共为企业和个人减负1.54万亿元②。2015～2019年，国家先后6次下调了社会保险的单位缴费比例，一共为企业减负近万亿元，社会保险费率的降低在很大程度上帮助企业减轻成本，增强企业发展活力。

2. 改善劳动力市场

社会保险费率高意味着企业为劳动者缴纳的社会保险费用多，在这样社会保险费率居高不下的情况下，部分中小企业可能就会缩小生产规模，导致失业现象的出现，甚至有些企业会选择通过不为员工缴纳社会保险的

---

① 人力资源社会保障部 财政部 国家税务总局关于阶段性降低失业保险、工伤保险费率有关问题的通知［EB/OL］. https：//www. gov. cn/zhengce/zhengceku/2023 – 03 – 31/content_5749452. htm，2023 – 03 – 29.

② 人社部：受益于经济企稳向好，今年就业将延续总体平稳态势［EB/OL］. http：//news. cnwest. com/tianxia/a/2021/01/26/19462451. html？ utm_source = UfqiNews，2021 – 01 – 26.

方式来减轻这项负担，企业的这种行为会导致劳动者失业、合法权益得不到保障的问题。同时，社会保险费率高意味着需劳动者支付的社会保险在劳动者薪酬中占比高，导致劳动者可能存在实际薪酬较低而选择不缴纳社会保险。实施降低社会保险费率的政策有利于稳定就业以及保障劳动者的合法权益。社会保险费率下降对于企业而言意味着负担的减轻，企业会增加劳动需求，选择为员工缴纳社会保险同时还会增加市场均衡工资，从而使劳动者受益（封进，2014；马双等，2014；钱雪亚等，2018）。

社会保险费率的降低不仅有利于企业负担的减轻同时也能够稳定就业、帮助企业发展，企业社会保险缴纳成本降低意味着企业能够将资金用于扩大生产规模，激励企业创新发展，也能够保证企业员工稳定就业。同时社会保险费率降低也能够帮助更多就业人员享受社会保险的保障，费率降低意味着企业社会保险缴费负担的减轻，从而越来越多的企业会选择为员工缴纳社会保险，保障员工的权益，有利于企业自身的良好发展。由此可以发现社会保险费率降低对于减轻企业负担有着重大作用，这也是我国降低社会保险费率的主要原因。同时降低社会保险费率政策在一定程度上对我国社会保险制度进行了改革完善，但是我国的社会保险费率与其他发达国家相比仍然存在费率较高的问题。

3. 社会保险费率降低与实现全国统筹

在社会保险费率下调的政策文件中，实现社会保险全国统筹的提议也被频频提及，统筹层次较低、不同统筹地区基金结余不能相互调剂使用也是我国社会保险费率居高不下的重要原因，这也是我国实施社会保险全国统筹改革的原因。从 2015 年开始的降低社会保险费率政策实施过程中，对于不同统筹地区的不同基金累计结余的具体情况，我国也颁布了不同的具体政策规定，这主要是考虑了当下不同统筹地区的基金结余不同从而支付能力差距较大的原因。各个统筹地区之间的基金结余状况存在较大差异，东部省份结余较多，而中西部部分省份已经出现当期收支赤字，在社会保险中特别是费率最高的养老保险上，各统筹地区之间的基金结余更是存在较大不平衡。我国养老保险制度自建立以来从县级统筹出发，逐步提高统筹层次，到 2020 年底各个省份均实现了省级统收统支，解决了各省内部各个地区之间的基金结余不均衡的问题，但是由于各个省份之间存在不同程度的经济水平发展不平衡以及人口老龄化问题，各个省份之间的基金结余不平衡问题并未得到解决，全国范围内就会存在一些省份的养老保险基金结余较多，而那些人口老龄化问题严重、经济水平落后地区的养老保险基金结余则出现收支赤字，在这样的情况下尽快实现养老保险基金的全国统筹，使得基金能够在全国范围内进行调剂使用就是非常必要的政策。养老保险统筹制度的改革在近年得到了推进，2018 年 7 月，我国建立实施了基金中央调剂制度，一定程度上均衡了各个省份之间的养老保险基金负担，这是我国为实现养老金全国统筹迈出的第一步。2018～2021 年这四年间，中央调剂制度共跨省调剂资金 6000 多亿元。2021 年，企业职工基本养老保险基金中央调剂比例提高到 4.5%，调剂的总规模达到了 9300余亿元，调剂重点支持收支矛盾突出省份，中西部地区和老工业基地省份净受益金额超过 2100 亿元①。2022 年 1 月，企业职工基本养老保险全国统筹已经开始实施，养老保险基金将会在全国范围内调剂使用，养老保险全国统筹是对养老保险制度的进一步优化，这将使各个省份之间的养老保险待遇得到更加公平的保证。

4. 社会保险费率改革成效

（1）企业减负成效显著，企业退出率降低。

社会保险缴费负担过高导致企业劳动力成本显著上升，降低了企业盈利能力，进而提高企业退出市场的概率（唐珏、封进，2020）。与劳动密集型低的企业相比，劳动密集型高的企业缴纳社会保险所需支付的费用相对更高，社会保险缴费负担也相对更大。因此，尤其是对于劳动密集型企业和小微企业来说，企业缴纳社会保险的负担越重，其退出市场的概率就越大。而减税降费意味着企业生产要素的边际产出增加，进而使企业价值

①　制度为何改？怎么改？待遇如何保？——聚焦养老保险全国统筹三大焦点 [EB/OL]. https：//www. gov. cn/zhengce/2022－02/22/content_5675060. htm，2022－02－22.

增加，最终降低企业的退出风险（田磊、陆雪琴，2021）。特别对小微企业而言，作为吸纳就业的主体力量，减税降费缓解了其生存压力和竞争压力，增加了劳动力吸纳能力，解决了大量就业问题。

（2）企业创新。

创新是经济高质量发展的主要动力，也是企业改善生产经营、适应市场需求、增强市场核心竞争力的重要手段。企业创新活动离不开资金、设备和人员投入，其中，资金是企业进行创新活动最重要的基础。企业在一定时期的资金充裕，企业越有能力和意愿进行创新活动。在生产环节中，税费负担过高直接影响企业经济效率，降低企业发展活力。企业创新活动具有投入成本高、研发风险大和创新结果不确定等特点，企业的创新意愿和行动因资金压力与风险厌恶而降低，造成企业的创新投入不足。减税降费作为我国一项重要的财政政策工具，在提高企业研发投入、增加企业创新产出、促进经济增长方面起着重要作用。首先，减税降费能直接改善企业研发创新所需的现金流，为企业创新提供必要的现金支持，放松企业融资约束（周宇、袁欣融，2024）。其次，充足和持续的金融资源是企业创新的根本保障，提高了企业创新投入的意愿和能力。减税降费力度越大，企业创新使用的资金成本越小。减税降费节约了企业的人力成本，增加了企业投资资金来源。这为企业购买更多的技术设备、增加技术投入和吸引高素质人才提供了稳定的资金来源。因此，减税降费放松了企业技术创新的融资约束，为其分担了研发投资风险，从而激励企业扩大研发投入。

（3）减税降费提高了企业投资规模、改善了企业投资结构。

投资收益是影响企业投资规模和投资结构的重要因素。与国有企业相比，民营企业信息获取渠道少，融资压力大，承担风险的能力相对较弱。企业重大风险预期上升既会显著抑制企业投资规模，也会恶化企业投资结构。例如，自然灾害、公共卫生、社会矛盾等重大社会风险预期会对企业投资产生巨大的负面冲击。当企业面临较大的融资约束且风险预期增大时，会相应制约企业扩大生产和开展多元化投资的可能性。为了防止投资后经济社会风险发生从而企业经营带来沉重的负担，进而波及企业利润，多数企业可能会倾向于选择短、平、快的短期投机性投资，而对研发投资等为代表的长期投资持观望态度，进而抑制了企业长期投资的发展（陈东等，2021）。首先，减税降费减轻了企业负担，通过缓解融资约束减少企业投资不足的可能性。其次，减税降费增强了市场主体的投资信心，增加了企业获得外部融资的可能性，从而进一步缓解企业面临的融资约束，使企业有信心进行扩大生产并进行更多的多元化投资，减少企业投资不足问题（王治、任孜杨，2024；王立国，2021）。最后，减税降费所带来的企业现金流在一定程度上维护了企业产业链的稳定，从而降低企业对风险发生概率的预期，使企业改变其投资结构，提高其进行长期投资的概率。

（4）促进企业高质量发展。

作为发展中国家，我国企业承受着高昂的社会保险费用所带来的人工成本。在理论上，劳动力成本的提高对企业的劳动需求存在挤出效应。多数研究发现社会保险缴费负担对劳动力就业具有显著的负向影响（刘苓玲、慕欣芸，2015）。首先，减税降费减少了企业的人工成本，扩大了企业的劳动需求，有利于企业吸引更优质的人才，聘请更优秀的管理者，对员工进行更专业的培训，为企业全要素生产率的提高提供坚实的人才基础。其次，减税降费政策通过帮助企业缓解融资难题，进而扩大了企业高质量发展所需的资金来源。企业可以将更多的资金用于固定资产的投资，例如技术含量更高的机器设备、增加研发投入等从而促进企业技术进步和生产率的提升。如此又会提升企业的利润率，增加了企业可支配利润，企业利润率的提高又会促使企业将更多资金用于吸引高质量人才、增加研发投入以及新产品的开发，循环往复，促进企业不断转型升级和高质量发展。最后，由于企业在生产要素投入过程中需要承担极大的风险，减税降费能够增加企业现金流，提高企业防范和应对风险的能力，增强企业为提升全要素生产率的意愿和能力。因此，减税降费通过引进优秀人才、扩大生产规模和增加研发投入等提高企业全要素生产率，促进企业高质量发展（晏国菀、夏雪，2023）。

（5）促进营造公平的市场竞争环境。

在 2019 年国务院印发《关于印发降低社会保险费率综合方案的通知》

前，各省份企业的缴费比例并不统一，有的省份缴费比例高的达到20%，有的省份缴费比例则低至14%。因此不同地区企业的缴费负担不同，导致竞争不公平。流入资金活跃、发展快的广东缴费比例只有14%，企业负担较轻，可以吸引更多的劳动力。而劳动力越多的地方养老负担越轻，费率就越低，越是老工业基地，例如黑龙江，人口老龄化严重，养老负担沉重，为了维持养老保险基金的可持续发展，费率就越高且越降不下来，由此导致费率高的地区更难以吸引企业投资、扩大就业，导致其一度陷入经济发展的恶性循环之中。社会保险费率改革以后，全国的社会保险费率差异明显缩小，这样有利于各地区均衡企业的缴费负担，促进形成公平的市场竞争环境，提高我国养老保险基金分散风险的能力。缴费参数的全国统一，缓解了地区间、企业间、人群间社会保险缴费负担不公平的情况，有利于营造公平的市场竞争环境。

（6）有利于扩大覆盖面，促进养老保险制度的健康发展。

社会保险费率降低以后，企业参保的门槛降低，一方面增强了企业的活力和发展的后劲，另一方面提高了企业和职工的参保积极性，将更多的职工纳入养老保险制度体系中来，形成企业发展与养老保险制度发展的良性循环。

5. 社会保险费率未来改革

社会保险费率的具体降幅是社会保险费率改革的核心问题，如果降幅太小，企业可能感受不到明显的减负；但降幅太大，又可能会出现部分省份基金收支缺口问题，社会保险制度平稳运行和可持续发展会面临较大风险。只有科学测算社会保险费率，确定合理的社会保险缴费负担，才能既保障基金安全，也能切实减轻企业缴费负担。

中国共产党坚持以人民为中心的发展思想，力图建成世界上规模最大的社会保障体系，提升人民群众的获得感、幸福感、安全感。社会保险制度改革发展事关社会经济发展稳定大局，关系到每个参保人的切身利益，这就要求社会保险费率不能一降再降。短期内，为了缓解经济压力、减轻企业负担，社会保险费率采取降费的形式。但从长远来看，中国也需要调

整 "降成本" 策略，不应一直以降低社会保险费率、降低劳动者工资等方式来推动企业 "降成本"，而应更多地以创新推动企业发展、带动就业、拉动消费（段鸿济、卢文华，2016）。长期持久性的减税降费政策无疑会给各级财政带来巨大压力，因此在短期内，社会保险费率改革应协同推进战略性 "减税降费" 与增值税、房产税、个人所得税以及消费税等改革，寻求税制改革之间的协同、配合，保障社会保险费率改革顺利进行，不断优化减税降费政策的操作实施办法（闫坤、蒋震，2019）。长期内，在社会保险费率改革充分发挥其降低企业负担、改善企业投资结构、营造公平的市场竞争环境、促进经济的高质量发展的前提下，科学测算合理的社会保险费率，使社会保险费率在一个较长时间内保持稳定水平，努力建成世界上规模最大的社会保障体系，提升人民群众从社会保障体系中获得的幸福感和安全感。

（三）社会保险高费率成因

我国社会保险费率高是多种因素共同作用的结果。由于经济体制转轨、发展阶段转换、养老保险转制成本等因素相互交织，影响社会保险费率的因素变得更为复杂。总体来看，我国社会保险高费率的原因主要有以下几个方面。

第一，社会保险制度模式转换导致社保基金缺口较大。1997年，国务院印发《关于建立统一的企业职工基本养老保险制度的决定》，在全国建立统一的企业职工基本养老保险制度，实现 "现收现付制" 向 "统账结合制" 的转变。在以前现收现付的社会保险制度下，正在工作的下一代人缴纳的社会保险费，直接用于支付当前退休人员的养老金。而转轨之后，中国建立了社会统筹与个人账户相结合的部分积累制的养老保险制度模式（单大圣，2015）。由于新旧养老保险体制的转变，国家并没有为 "老人" 建立养老基金储备，"老人" 个人账户无资金积累，只能通过下一代的缴费来实现代际间的自动赡养；同时，转轨前按 "现收现付制" 缴纳费用，在转轨后会导致个人账户积累不足。养老保险基金不仅要支付 "老人" 的养老待遇，又要从事"中人"的过渡期的个人账户为未来积累资金，两种情况共同导致的养老保险转轨成本只能通过保持较高的社会保险缴费率才能维持制度的可持续发展。

第二，就国际比较而言，我国社会保险政策费率在经历过五次降费后依然高于全球平均水平。在2019年国务院印发《关于印发降低社会保险费率综合方案的通知》前，我国社会保险政策缴费率为37.25%。与此同时，美国社会保险法定总费率为14.35%、澳大利亚法定总费率仅为9.5%、日本法定总费率为19.178%、加拿大法定总费率为13.812%、智利法定总费率为23.76%。与这些发达国家的社会保险费率相较，我国社会保险费率偏高。此外，许多国家采取多支柱的养老保险体系，除了基本的社会养老保险制度外，英国建立了个人存托养老金以及自主投资性个人养老金，加拿大建立注册养老储蓄计划、注册养老收入基金，美国建立了个人退休账户计划。多层次养老保险制度有利于分担社会保险的负担，给老年人提供更加稳定以及充裕的收入来源。与此相反，我国多支柱养老保险体系发展并不完善。目前，中国居民的退休收入来源最主要依靠来自社会基本养老保险，而第二支柱的企业年金和职业年金仅有少部分人享有，第三支柱中个人储蓄型养老保险和商业养老保险的覆盖范围还十分有限，难以满足我国老年人的养老需求，因此只有较高的强制性社会保险费才能满足老年人的养老需求。

第三，人口老龄化带来的挑战。20世纪70年代开始实施的计划生育政策，使中国生育率快速下降的同时也意味着我国人口老龄化速度将在一段时间内明显加快。1999年，中国正式进入老龄化社会。截至2022年底，全国60周岁及以上老年人超过2.8亿人，占全国总人口的19.8%，其中，65周岁及以上老年人达2.1亿人，占全国总人口的14.9%，人口老龄化形势十分严峻①。呈现出全国老龄化速度快、规模大、"未富先老"、"未

① 民政部养老服务司有关负责同志就《关于推进基本养老服务体系建设的意见》答记者问[EB/OL]. https：//www.gov.cn/zhengce/202305/content_6875460.htm，2023-05-22.

备先老"等特点。与世界其他国家横向对比，我国人口老龄化的规模和速度均位居世界前列（陈伟涛，2021）。一方面，人口老龄化降低了劳动力的有效供给，养老保险缴费人数减少；加之经济的发展，我国人口受教育年限逐渐延长，在退休年龄不变的情况下，劳动者在职缴费年限不断缩减，两种情况共同降低了养老保险筹资能力。另一方面，随着人口老龄化速度的加快，我国老年人口抚养比逐渐上升，给养老保险带来了巨大的压力；随着经济的发展和人民生活水平的提高，我国人口预期寿命逐渐提高，加之人口受教育年限的逐渐延长导致的员工在职年限缩短，老年人口退休受益年限不断延长，养老保险赡养比将急剧降低，对社会保险基金收支形成严峻挑战。为了应对人口老龄化给当前社会保险基金带来的挑战，社会保险费率必须保持在较高水平。

第四，社会保险费率征收效率低。发达国家税收规范程度高，社会保险税费的收纳效率较高。而我国社会保险征缴机构和模式还有很多不规范之处，征收效率低下。一方面，2019 年之前中国社会保险征缴主体不规范。自 20 世纪 80 年代末和 90 年代初开始社会保险试点，各地社会保险费的征收机构有的是社保部门，有的是税务部门，存在"双重征缴"格局。尽管 2010 年颁布的《中华人民共和国社会保险法》规定"社会保险费实行统一征收"，但仍存在税务机关、社会保险部门各有征收权的情况，而且税务部门征缴略多于社保部门（郑秉文，2018）。社会保险费征缴工作需多个部门紧密协作，但现实工作中，存在征管协作机制不够完善的问题。征收主体的不一致导致不同部门征收理念、工作方式方法存在差异，部门之间存在沟通协作方面的困难。此外法律制度并不完善，对应未缴费的单位并无强制性措施保证其按时足额缴费。由此导致社会保险费在征收过程中存在偷缴漏缴问题，社会保险费实际应收额远远小于目标征收额，导致社会保险费"流失"严重。为了维持社保基金的可持续发展，只有保持较高的费率，而较高的费率又导致企业为了节约成本，更加想方设法偷缴漏缴，最终导致社保高费率和社会保险费"流失"严重的恶性循环。

第五，统筹层次低导致社会保险征收不规范。2021 年，《中华人民共和国国民经济和社会发展第十四个五年规划和 2035 年远景目标纲要》明确强调要"实现基本养老保险全国统筹",在此之前,我国养老保险制度实行的是省级统筹,各省份之间养老保险费率并不统一。根据人口普查数据,黑龙江、吉林等东北地区人口净增长率为负,而老年人口净增长率却大幅增加(郭金龙、朱晶晶,2023),老年抚养比的增加使得人口负增长地区不得不维持高增率以保证社会保险基金的可持续性,例如,根据官方披露的数据,2023 年黑龙江地区养老保险单位缴费率高达 20%,而广东等地区经济发达,涌入大量年轻劳动力,老年人口总体占比较低,老年人口抚养比低,其养老保险缴费率也仅为 14%[①]。省级统筹导致养老保险统筹层次太低,难以很好地发挥养老保险基金互助互济功能。一些基金发展缓慢的统筹地区基金缺口严重,因此不得不提高社会保险缴费。

第六,社会保险基金投资效率低下。由于投资管理体制不完善、社会保险基金相关配套制度不健全以及过于强调基金安全性等问题,近年来我国基本养老保险基金投资收益率低下,社会保险基金实际上处于贬值状态(景鹏、陈明俊,2018)。面对老龄化带来的压力,社会保险基金难以通过投资实现保值增值,只能通过提高社会保险费来缓解负担。

三、国外典型国家企业社保投入历程演变

为了更全面地了解各国企业社保投入的情况,提炼出经验借鉴,本部分选取几个文化背景不同的国家社保投入进行梳理和比对。具体而言,选取的国家有:美国、英国、瑞士、日本以及德国。其中,美国是典型的自由主义国家,充分依靠市场和个人的力量,反对政府社会福利功能的扩

---

① 哈尔滨职工养老保险缴费标准(比例、基数)[EB/OL]. https://heb. bendibao. com/live/201936/51418. shtm,2023 – 01 – 13;《广东省人力资源和社会保障厅 广东省财政厅国家税务总局 广东省税务局关于广东省城镇职工基本养老保险单位缴费比例过渡方案》解读[EB/OL]. https://www. gd. gov. cn/zwgk/gongbao/2019/14/content/post_3366323. html? eqid = e61ccf2100000 b05000000066428f4b5&eqid = f92405e2002347a100000003645f32f7,2019 – 04 – 01.

大；英国和瑞士也是强调个人主义的国家，但是在社会综合价值取向中，英国和瑞士比美国更加注重合作，是将个人主义和集体主义有机地结合起来；而日本则是典型的东亚集体主义国家，强调企业内部互助作用，尤其重视家庭的作用；德国经济总量居于欧洲首位，同时，也是世界上最早建立社会保障制度的国家。将经济和文化背景不同的国家的社保投入进行横向对比更具有代表性，避免了与单个国家、单一文化对比的片面性。

在对各个国家进行分别梳理之前，本部分首先对不同国家的社会保险缴费比例进行比对。如表 3 - 1 显示，各个国家的社会保险缴费率差别较大，各国平均缴费率在 16% 左右，而中国的政策缴费率超过 30% 。我国养老保险的缴费比例为 20% ，美国法定养老保险缴费率仅为 6.2% ，就连典型福利国家瑞典的养老保险政策缴费率也只有 15.73% ，因此在全球国家中我国已经成为高政策缴费率的国家。即使我国在 2015 年后开始逐渐施行降费的政策，但是社会保险缴费对于企业而言仍然是较大负担，中国企业的税费中，社会保险缴费占企业盈利的比重高达 49% 。[①] 缴费率呈现较大差别的原因也是因为各个国家的模式不同，有社会保险型国家，如美国、日本、德国；有瑞典这样典型的高福利国家，也有我国这样强调政府、企业和职工三者共同负担的国家，导致了缴费比例不同，各个国家不同的缴费模式会在下文进行进一步详细分析。

表 3 - 1　　　　　2015 年全球典型国家企业社会保险缴费比例　　　　单位：%

国家	养老	医疗和生育	失业	工伤	合计
美国	6.20	1.45	0.60	0.00	8.25
智利	1.15	0.00	2.40	0.95	4.50
澳大利亚	9.50	0.00	0.00	0.00	9.50
韩国	4.50	3.19	0.90 ~ 1.50	0.60	9.19 ~ 9.79

---

① 清华大学院长白重恩：社保缴费占企业盈利的 49% ，中国企业社保税负太重 [EB/OL]. https：//www.163.com/dy/article/ITTO1M8T0552DE7F.html，2024 - 03 - 22.

续表

国家	养老	医疗和生育	失业	工伤	合计
英国	11.90	1.90	包含在养老费中	包含在养老费中	13.80
日本	8.737	5.000	0.850	0.250~8.900	14.837~23.487
德国	9.450	8.325	1.500	1.300	20.575
瑞典	15.73	12.48	2.91	0.30	31.42
埃及	17.00	4.00	3.00	2.00	26.00
中国	20.00	6.50	2.00	0.75	31.25
平均值	10.017	3.635	1.408	0.644	16.256

资料来源：Social Security Programs Throughout the World，2015.

（一）美国

美国社会保险计划包括养老、医疗、失业和工伤等项目。以养老保险为例，美国现行的养老保险制度在财务上实行的是随收即付制度，但是事实上，该制度在运行中形成了以支定收、略有结余的财务模式。就雇主缴费率来看，根据美国社会保障署最新统计数据，如表 3-2 所示，在全球建立社会保险制度的 175 个国家（或地区）中，雇主的平均费率为14.27%。其中，欧洲的雇主缴费率最高，达到21.51%，美洲雇主的社会保险缴费率最低，平均为10.93%，因此，美国雇主缴费率是比较低的。美国制度化的国民养老负担主要由三个部分组成：第一部分是国家养老，雇主与雇员总缴费为雇员工资的12.4%，其中雇主和雇员各缴6.2%。第二部分是雇主单独提供的企业年金，雇主和雇员合缴不超过员工工资的25%。第三部分是私人保险，美国私人社会保障计划起着十分重要的作用，主要是卫生和健康照顾、福利、教育以及收入保障。截至2018年底，美国个人储蓄保险总资产达到8.7万亿美元，约占美国养老金总资产规模的32.5%。[①] 美国的社会养老保障制度的特征是广覆盖、低水平。社会养

① 美国投资公司协会（ICI）［EB/OL］. https：//www.amac.org.cn/hyyj/hjtj/201912/P020231126399711526230.pdf，2019-07-30.

老保险计划中的养老保障制度覆盖了96%的雇员，但提供的养老金仅为社会平均工资的44%左右，这一水平低于国际上的平均水平。之所以美国社会养老金待遇不高，是因为美国的私人保险制度十分发达，其中，雇主退休金，也就是企业补充养老计划占据了大半壁江山。

表3-2　　　　　　　　各国家或地区社会保险缴费情况

地区	国家或地区数（个）	平均社会保险费率（%）	平均雇主费率（%）
欧洲	45	32.87	21.51
亚太	48	20.26	13.06
美洲	36	16.17	10.93
非洲	46	19.02	11.13
全球	175	22.17	14.27

资料来源：美国社会保障署最新统计数据。

对于美国的医疗保险，所有参保人在整个工作期间必须不断缴费，但只有年满65周岁的参保人才能享受医保支付与赔偿待遇。同样地，美国的社会医疗保险总缴费在世界上也处于较低水平，仅为2.9%，雇主缴费率大约在1.45%。然而，美国的医疗保险是多制度并行的，对于65周岁以下的雇员及家属，医疗保障主要靠雇主提供的团体健康保险，也就是说，65周岁及以上的雇员，靠国家提供的社会医疗保险，65周岁以下的雇员，靠雇主提供的团体健康保险。而社会保险企业缴费和团体健康保险的总缴费率远高于我国雇主医疗保险的负担。因此，美国的医疗保险充分发挥了市场的作用，政府医疗保险并不是唯一支柱，而是雇主提供的团体保险发挥了重大作用。通过和美国的社会保险制度相对比，我国的政策社会保险缴费率虽然处于较高水平，但是实际社会保险缴费率很可能低于美国社会保险缴费率。

在对美国社会保险和医疗保险的梳理中发现，美国实行多支柱社会保险可以有效均衡社会保障负担（董登新，2016）。不同于其他国家以政府发挥核心作用的社会保障制度，美国的社会保障制度中，"企业"和"市场"发挥着核心的作用。经过第二次世界大战后，政府的制度型社会保障由于受到20世纪70年代中期经济波动的冲击开始面临一定危机，应对危机的方法之一是使社会保障的责任从完全由政府承担转向市场化、职业化（杨冠琼，2000）。美国主要社会保险项目法定总费率为14.35%，其中企业分担的部分为8.15%。这也是因为美国的社会保险制度其实是在职业福利的基础上建立的，因此社会保险的原生作用一直是服务于企业职工，是企业应该负担的责任之一。美国企业需要负担职工一半的社会保险税用于购买医疗保险、失业保险等，除此之外，美国的企业还为员工建立了社会保险之外的福利制度，也就是年金制度。据统计，从1965~1984年，美国员工的"非工资性收入"增加了十倍，在发达国家中仅低于澳大利亚，高于大部分的欧洲国家（顾俊礼，2001）。美国政府一直通过税收优惠来鼓励企业在职工福利等方面的投资，以促进社会福利的多元化、承担主体的分散化，强化职工福利与企业效率之间的关系。因此，政府其实通过大量间接手段激励企业做政府想做的事情，而企业也愿意提供附加的社会效益，因为他们相信，通过对职工的投入，可以确立职工对企业的忠诚度，吸引人才，从而提高企业的整体效率。因此，美国社会保险最直观、最重要的特点在于市场化、社会化，充分依靠市场的力量打开社会保险单一负担的困境。

除此之外，美国的政策缴费率和实际缴费高度统一，美国政策社保税之所以低于我国这么多，是因为美国严格把缴纳社会保险纳入"税"的范畴，使得逃税的成本变大，基本上企业都是足额缴纳，所以实际缴费率并不一定比我国低。并且，美国的物价变动不大，市场经济相对较为繁荣，因此收取的社保税保值增值能力较强，也保证了社会保障体系的运行（弗里德里希·冯·哈耶克，2000）。

其实，美国曾经也经历过社会保险的挑战，主要是由于人口老龄化引起的对退休金需求的日益增长，导致基金累计不足（马歇尔·N.卡特，

2003)。1998 年，美国养老社会保险的平均给付仅为 720 美元一个月，或者说一年 8640 美元。并且，美国的社会保险采取的是现收现付制度，所以，当前工作人口缴纳的税款并没有累计在他们个人的退休账户上，而是用于支付退休一代的退休金，或用于其他政府计划当中。现收现付制度要求缴费者负担退休者的养老金，并且伴随着美国当时老龄化的程度，缴费者的压力越来越大，对缴费者没有激励，反而打压了缴费者的积极性。因此，当意识到这个问题之后，联邦政府决定将税款自由投资于金融市场，如股票、债券、大额存款、互惠基金等，逐步加强养老金的保值、增值。总体来说，美国社会保险改革主要是遵循了这三个原则：（1）老年人口可以在有经济保障的情况下退休；（2）工作的年轻一代将能保有他们的劳动成果；（3）企业能够在合理范围内保有经济利润。严格遵循了这些原则，即使在老龄化的冲击下，社会保险缴费也不会受到不合理和不必要的拖累。

综上所述，美国的社保投入有以下几个优点：第一，严格按照社会保险"税"征收，保证政策缴费率和实际缴费率相统一，在核定标准内保证收缴足额足份；第二，资金来源多样，社会保险层次多样，充分发挥市场和企业的主导作用；第三，保证社会保险费的保值增值。这种多支柱、多法治，充分强调企业和市场的社会保险体系缓解了经济危机的压力，保障了美国公民特别是底层人民的生活。为公民提供了良好的基本生活保障，从而改善了劳动力的质量结构，促进了经济发展。

（二）德国

德国地处欧洲中部，在第二次世界大战之前，德国是仅次于美国的世界第二经济大国，如今经济总量居于欧洲首位，是经济极为发达的国家之一。同时，德国也是世界上最早建立社会保障制度的国家，对社会保险进行了一系列探索和改革。

德国是保险型社会保障制度的首倡国家，其社会保障制度起源的基础是 19 世纪末期，德国工业的发展使工人人数大量增加，从而导致了许多社会问题。宰相俾斯麦于 1881 年 11 月通过德皇威廉一世提出要建立社会保险基本法。之后，德国相继颁布了三部保险法规，建立了四个社会保障项目：医疗保险、事故保险、伤残保险和老年保险。经过了 100 多年的发展，如今德国已经确立了一套非常完善的社会保险制度。德国社会保障制度的主要特点在于国家干预强，以促进经济效率为优先原则，以高额税收为前提，以完善的法规为保障，政府发挥主导作用，企业和用人单位积极参与。德国的养老保险的对象为男性公民年满 63 周岁，投保期限满 15 年；女性年满 60 周岁，而且投保期限满 10 年。养老金的发放标准相当于职工平均收入的 70%，计算公式为：工人"评估工资"的 1.5%，乘以参保年限，以及延期退休的养老金增加额。德国的疾病补助金的发放由雇主支付收入的 100%，期限为生病的前 6 周，此后，由疾病基金会支付投保收入的 80%，3 年内最长支付 78 周的疾病补助金。由此看来，德国社会保险的雇主负担标准也较为高。

以德国养老保险为例，包含法定养老保险、企业养老保险和私人养老保险三个层次，这三个层次的社会保障体系互为补充，总体还是以法定养老保险为主干、其他两个层次为补充。德国社会保险权利及其缴费义务与个人缴费记录及其收入状况相关。其执行的是现收现付制，全国实行统一的收费比例，费率首先由保险公司进行测算，再提交财政部和劳工部进行总审核后执行。由于费率的制定相对独立于政府总预算，因此，能保证费率与国民经济发展水平和财力承受能力相适应，能较为准确地把握社会保险的总体水平。德国社会养老保险制度之所以采用现收现付制度，主要是因为：（1）减轻被保人的压力。资金累计制度相对而言会带给在职人员较大的经济压力，因为资金积累制要求在职人员在为自己储蓄养老的同时，还要为退休人员缴纳养老金。（2）资金积累制度可能会存在通货膨胀、投资不当等资金风险，从而破坏养老保险制度。

从养老保险缴费比例来看，德国的雇主和雇员各缴纳 50%，缴纳额度取决于被保险人的收入，当员工收入低于某一限额时，则由雇主单独缴纳，费率根据实际需要随时调整。近年来，德国养老保险费率一直处于上升趋势，1993 ~ 2000 年为 17.5%，之后费率一直上升到 19% 以上，最高达到了 19.9%，但是随后费率又略微有所下降，2017 年为 18.7%。德国政府计划，到 2030 年，法定养老保险的缴费将提高至 22%。社会保障缴费的资金多来自固定缴费率，他们是根据雇员的工资率和工作时间计算的总收入。在 1975 ~ 1995 年，社会保险缴费率大约从 30% 增加到 40%，包括养老金（约 20%）和健康保险（约 14%）。对于养老金计发模式，与参保人工资水平、实时养老金值等指数挂钩，这种模式强调的是缴费和津贴的多少与个人工资水平直接挂钩，是典型的收入关联年金计划，侧重体现收入再分配的特征。当然，这是德国在应对国内经济低迷、失业率居高不下的措施，其作用是否有效，还需要进一步的观察和验证。

总体来说，德国社会保险对于促进经济发展、改善中下层人民的生活环境有积极的作用。首先，德国社会保险实现了劳动力再生产的社会化，刺激了资本积累，促进了经济发展。社会保障与劳动力社会化再生产的结合，不断培养出一大批优秀的人才，使德国成为西方生产效率和工资水平最高的国家之一。其次，德国的社会保险改善了中下层人民的生活条件，保障了工人的生活环境，促进了社会安定。

（三）瑞典

要比对不同国家的社保投入，那么瑞典是一个不得不关注的一个典型。瑞典是高福利国家，瑞典的企业多为资本密集型企业，这类企业盈利能力强，可承担的社会保险缴费也强，并且其政府也大力支持利用高福利保障国民的生活。

与美国自保公助型的社会保险模式比起来，瑞典则是典型的福利国家，这是由于两国的文化、政治不尽相同。虽然瑞典经过了 20 世纪 90 年代较大力度的改革，但是瑞典基本上还是典型的 "从摇篮到坟墓" 的社会保障制度。瑞典社会保险的资金来源主要是政府和雇主，雇员基本上不用缴纳。如表 3 - 3 显示，1960 ~ 1995 年瑞典的社会保障支出占国内生产总值的比例一直都处于相对领先水平，与其他欧洲国家相比，瑞典是社会保障支出占 GDP 最高的国家之一。

表 3 – 3　　　　　1960 ~ 1995 年主要西方国家社会保障支出
占国内生产总值的比例　　　　　　　单位: %

国别	1960 年	1965 年	1970 年	1975 年	1980 年	1985 年	1990 年	1995 年
英国	13.9	14.4	15.9	19.5	23.5	24.5	26.5	29.8
芬兰	12.7	13.1	13.4	16.2	21.0	23.9	25.5	32.7
瑞典	12.8	17.3	21.1	26.7	35.5	33.5	34.6	35.8
丹麦	12.5	15.5	17.9	24.8	29.0	29.1	29.8	32.2
德国	20.5	19.0	25.6	27.2	30.7	31.5	32.0	33.9
法国	13.4	15.8	15.3	24.1	23.9	28.8	26.5	32.9
美国	10.3	11.2	14.7	18.6	26.0	28.0	30.0	33.2
日本	8.0	11.0	14.0	17.7	23.0	25.5	25.5	25.8

资料来源: 根据《社会保障国际比较 2022》数据整理。

瑞典的国家养老保险体系由以下几个部分组成: 一是收入型养老金 (Income Pension), 其主要是缴费确定型的现收现付制度 (National Defined Contribution, NDC), 雇主和雇员共 18.5% 的缴费率 (其中个人缴费比例是 7%)。二是累积型养老金 (Premium Pension), 主要是强制型基金累积制个人账户 (Funded Defined Contribution, FDC), 在以上雇主和雇员缴费的 18.5% 中将其 2.5% 划入这个账户, 这笔资金直接进入资本市场投资, 产生收益。三是保证型养老金 (Guarantee Pension), 主要是针对收入很低或是没有工资收入的人。此外, 瑞典也具有良好的职业养老金制度, 由雇主和雇员通过协商按照雇员工资收入的一定比例的资金建立补充养老金账户, 以满足参保人员退休的生活需要。总体而言, 瑞典社会保障的融资方式采取多渠道融资, 也就是个人、雇主和政府三方融资。

在社会保险缴费中, 瑞典政府和雇主在社会保障融资中缴纳的数额要更高, 个人虽然也要承担社会保险, 但是比例不高。表 3 – 4 列出了 2015 年雇主必须为雇员缴纳法定社会保障金, 其中包括养老金、医疗保险和其他社会福利。雇主缴纳的法定社保金为雇员税前工资总额的 31.42%。举例说明，当一个人当年的收入和津贴为 100000 瑞典克朗（约合人民币 7 万元），没有超过基准收入 8.07 倍，则雇主养老金缴费为 100000 × 10.21% ＝ 10210 瑞典克朗（约合人民币 7575 元），个人养老金缴费为 100000 × 7% ＝ 7000 瑞典克朗（约合人民币 5194 元），则雇主和雇员缴费合计为 10210 ＋ 7000 ＝ 17210 瑞典克朗（约合人民币 12769 元）。

表 3 － 4　　　　　　2015 年瑞典法定雇主所需缴纳的社会保障金　　　　单位：%

法定雇主所需缴纳的社会保障金种类	占时薪/月薪的百分比
退休养老金	10.21
抚恤养老金	1.17
医疗保险	4.35
工伤保险	0.30
生育保险	2.60
失业保险	2.64
工资税	10.15
法定雇主所需缴纳的社会保障金总额	31.42

资料来源：瑞典企业联合会。

在瑞典，社会保险缴费率是针对缴费费基而言的。对于雇主而言，社会保险缴费的缴费基数由雇员的全部工薪收入构成，再由雇主缴纳。对于个人而言，个人缴纳的社会保险基数不仅包括自己取得的工薪收入，还包括个人取得的来自疾病补贴、父母补贴、失业保险、疾病和就业补充等社会福利项目的收入（粟芳、魏陆，2010），也就是说，个人在享受这些社会福利时，也要履行缴费义务。

因此，综合来看，瑞典的社会保障水平在世界范围内都是趋于首位，这也是瑞典高社会保险收入的结果。总体来说，瑞典还是典型的"国家型"养老模式。瑞典的养老保险给付由个人缴费的多少以及时间长短确定，而不考虑退休前的工资收入水平，并且还有最低养老保证金保证公民的基本生活，这充分体现了瑞典社会保险的普惠性。

（四）英国

相对于美国的放任主义模式、德国的俾斯麦法团主义模式（Corporatist Regimes）或瑞典的社会民主模式（Social Democratic Regimes），英国的社会保险模式属于补缺型的自由主义福利（Liberal Regimes），强调自由市场经济中的个人选择权，同时也注重再分配的公平性，因此其社会保险缴费制度也是在合理区间范围内，保证人们的基本生活水平（丁建定，2000）。英国的社会保险制度受到贝弗里奇报告的影响最为严重，英国主张政府有责任制定措施以防止民众不由他们自己控制的原因而陷入贫困，这种普遍的国民保险制度代表着英国在战争时刻抵御侵略时的团结与巩固，也代表着英国处于和平的年代，保证民众与养老、贫困等社会问题做斗争中取得的成功（丁建定、杨凤娟，2004）。

英国国民社会保险总缴费率为 25.8%，雇主缴费率为 13.8%，雇员缴费率大约在 12%[①]。具体而言，英国以国民保险费形式征缴基本养老金。缴费对象分为四类，第一类为雇员，第二类为自雇人士，第三类为弥补缴费年限不足的自愿补缴费人员，第四类为自雇人士所得超过一定标准后的超额缴费，其中雇员缴费占缴费总额的 97%，是缴费主体。英国养老保险制度分类非常之详细，这些多重社会保险制度给英国国民筑起了生活的保障网。（1）缴费率。雇员国民保险总缴费率为 25.8%，其中雇主和雇员的缴费率分别为 13.8%、12%。需指出的是，英国国民保险缴费类似于社会保险缴费，不仅用于养老保险，还用于医疗保健、无工作能力者福利金、就业及援助津贴、求职津贴、丧亲津贴、生育津贴等，养老保险约占 80%。（2）缴费基数。以周工资薪金收入为缴费基数，其中雇主按照

---

① 英国基本养老保险制度及对我国的借鉴 [EB/OL]. http：//www. sic. gov. cn/sic/81/456/1202/5612_pc. html，2025 – 12 – 02.

雇员收入的 13.8% 缴纳；雇员收入低于封顶线（2014/2015 财年为£805/周）部分按 12% 缴纳，高于封顶线部分减按 2% 缴纳。同时，英国实行免征额制度，低于免征额（2014/2015 财年为£153/周）部分雇主和雇员都不需要缴费。免征额与封顶线一般每年根据物价指数调整一次。考虑到免征额因素以及国民保险基金的多种用途，英国实际用于养老保险的缴费率约为 14.5%[①]。

英国基本养老金一般由两部分组成：一是基础养老金，采取定额发放方式，只与缴费年限有关，与缴费基数无关。2014/2015 财年，基础养老金的全额给付额为£113.10/周，占同期社会平均工资的比重为 17.9%。二是辅助养老金，与缴费挂钩，通过对参保人缴费年度中超过给定标准的收入按照一定比例折算汇总得出，一定程度体现多缴多得。在 2011/2012 财年，基础养老金的总支出为 580.95 亿英镑，约占养老金支出的 80%，辅助养老金的总支出为 161.25 亿英镑，约占养老金支出的 20%[②]。

自 2015 年以来，英国政府为促进市场化养老金机制发展，鼓励劳动者退出辅助养老金计划（可得到相应的退税）改为参加企业养老金计划，所以辅助养老金计划的力度日趋弱化。从 2016 年 4 月开始，英国将对上述两部分养老金进行合并，形成一个新的定额给付养老金，每周不低于 148.40 英镑，从而将政府的职能完全转向保基本。这不仅可以使低收入群体的养老金水平有明显增加，更大程度上促进社会公平，而且使养老金计算简单明了，有助于社会公众对晚年生活做更好的财务规划[③]。

英国为民众提供了三种水平的生活保障，即缴费的社会保险制度、作为社会保险制度补充的国民救济制度，以及针对特殊群体的特殊津贴。这三个层次的社会保障措施，为英国构建起了社会发展的安全网（郑春荣，2012）。总体来看，英国的社会保障体系对于稳定英国社会、经济、政治起到了积极的作用，为大多数国民的生活提供了一定保障。它采取了社会

---

①②③ 英国基本养老保险制度概况［EB/OL］. http：//zys. mof. gov. cn/tszs/201601/t20160122_1655101. htm，2015 - 05 - 15.

收入再分配的手段，促进了经济发展，促进了英国第三产业的发展。不同于瑞典，英国强调自由市场经济中的个人选择权，同时也注重再分配的公平性，因此其社会保险缴费制度也是在合理区间范围内，保证人们的基本生活水平，所以英国社会保险制度体现出了公平和效率的高度统一。但是，英国社保投入在保障人们基本生活的同时，也让部分人滋生出"懒汉"的行为，使其工作丧失主动性。

（五）日本

西方国家各自都有各自的社会保障体系，瑞典实行高福利社会保障制度，是福利国家的典型；德国的社保投入实现了劳动力再生产的社会化，刺激了资本积累；英国是历史最悠久的高福利国家，和瑞典一样，社会保障体系维持在高税收和高支出之上；美国的社保投入主要是强调效率，重视市场化、社会化。而日本有着跟我国相似的文化背景，也就是在集体主义的东亚文化背景下，借鉴日本的社会保险制度对发展完善我国的社会保险有较高的参考价值。

日本在 1990 年经历了经济泡沫，在那之后，日本经济逐渐从高增长转为低增长、零增长甚至负增长。日本也曾经历了社保负担超重的时期。1995 年前后，日本企业艰难求生，纷纷削减人事支出。1995 年，日本经济联合会发表《新时代的日本经营方针》建议改变终身雇佣制度。将雇佣形式分为三种：正式员工、派遣员工和临时工。把需要企业负担社保费用的正式员工仅限于管理业务类，其他业务委派给派遣员工或临时工。然而，由于经济下行，企业滞纳保险费，因此无健康保险的人数增加，这些无健康保险的人因要全额负担医疗费用，导致生活拮据，甚至提高了死亡率。

日本社会保险缴费率主要呈现出了从高社会保险缴费率到趋于平稳阶段，再到社会保险缴费率显著下降，最后呈现稳定状况（王伟，2014）。也就是说，日本的社会保险缴费率也经历了从高向低降的时期，而且这一段改革时间也持续了将近二十年的时间。社会保障费用在日本财政预算当中是一笔巨额支出，从社会保障费用支出方面看，在 2010 年度预算当中，日本社会保障费为 272686 亿日元，占一般会计支出预算的 29.5%，如扣除国债、地方交付税交付金等支出，社会保障费在一般支出当中占 51.0%，是最多的支出项目（王伟，2014）。因此，日本政府紧急出台削减 1.6 万亿日元社会保障费的政策。之后，在 2012 年日本政府也出台了社会保障及税制一体化改革草案，试图构建可持续性发展的社保制度。并且，其人口老龄化带来了许多挑战，老年人医疗费用的增长给其缴费人员带来了一定的负担。日本 2019 年社会保障与人口问题研究所发布的《日本未来人口估算》称，2065 年日本人口将减至 8808 万人，比 2015 年减少约 3 成，且 65 周岁以上人口占比 38.4%。超老龄化社会带来的社会保障负担沉重、劳动人口减少是日本社会保障面临的长期挑战（田泓，2017）。

日本在 2016 年经历了养老金改革，主要是为了缓解缴费压力，实现养老金制度的可持续发展。改革主要内容是：一是扩大公共养老金的覆盖范围；二是改善公共养老金的投资运营；三是针对小微企业创立了缴费制度，也就是当雇员保险费合计金额在个人型 DC 计划缴纳限额内，小微企业在原保险基础之上可以为加入个人型 DC 计划的员工缴纳保险费，从一定程度上扩大了企业社会保险，但又不过度增添企业负担。这种对小微企业特点出台的政策充分考虑了不同类型企业的缴费能力差异。

总的来说，日本经济的复苏与发展给其全民社会保障制度的推行奠定了良好的基础。日本从上至下、多层次的管理体系对我国社会保险的发展有较强的借鉴意义。

第一，日本重视家庭的作用，强调国民的自立。日本是典型的男主外女主内国家，男性工作时间长、出差在外多，因此日本鼓励女性承担育儿、护理等家庭内的保障劳动（王伟，2014），体现了家庭的社会保障责任，减轻了政府社会保障的负担。

第二，发挥企业主导作用。日本社会保障制度发展过程中，企业的保障作用不可忽视。为了使企业更好地吸纳人才和增强员工的归属意识，每个企业都大力发展企业福利，这使日本的失业率一直控制在较低水平（武川正吾、佐藤博树，2003）。在日本经济泡沫破裂之后，企业倒闭、员工失业等情况频频发生，日本政府推出建立企业型、个人型 DC 计划，政府通过财政补贴鼓励中小型企业为其员工缴纳个人年金制度。

第三，根据经济社会的发展水平，科学有序地构建社会保障制度。日本的社会保险发展由"救贫"到"防贫"、由"扩充"到"调整"，每一步都是与经济发展水平相适应的。

四、企业社保投入的成效与困境

（一）企业社保投入发展的成效

通过上文对国内外企业社保投入的梳理，发现我国社保投入发展取得了许多成效。首先，我国社会保险的覆盖面不断提升，纳入人群越来越多。根据《2021 年度人力资源和社会保障事业发展统计公报》显示，养老保险的参保人群从 2014 年的 8 亿人到 2021 年的 10 亿多人，其他几个险种的纳入人群也在稳步提升。从医疗保险来看，其覆盖的人群也越来越多。新中国成立初期，我国实行的是工厂实行劳保医疗，机关事业单位实行公费医疗，随着市场经济的发展和企业改革的深化，我国开始了全国范围的医疗保险制度改革，实行用人单位和个人共同支付，个人账户和统筹账户相结合。这样个人与社会相结合的方式既唤起了个人的节约意识，又当个人患大病住院时，医疗统筹基金可以覆盖其中的大部分，不使员工因病致贫。因此，医疗保险的覆盖面和运行方式也得到了科学提升。除此之外，我国还健全了失业保险、生育保险及工伤保险，社会保险可以说达到了多层次、广覆盖的社会保险体系。

其次，直到 2019 年开始阶段性降费前，我国社会保险的政策缴费率一直在稳步提升。以北京为例，1986 年前后北京基本养老保险国有企业缴费比例是 11.5%，1990 年国有企业的养老保险缴费比例提升至 16%，直到 2002 年前后，缴费比例再次提升至 20%，并且养老保险基金的统筹层次也在不断提升（邓大松，2000）。综上所述，通过对我国社保投入的梳理，笔者发现，社保投入一直在稳步提升，覆盖人群越来越广，福利的提升对于稳定劳动者预期有一定帮助（蔡昉，2015）。

（二）企业社保投入发展的困境

我国社会保险制度还处于萌芽状态，许多人觉得社会保险已经建立了养老、医疗、失业、生育、工伤五项保险，代表着已经建立了社会保险的制度框架，然而，评价制度建设不仅要看颁布了多少条文法规，更重要的是执行中的效果在多大程度上达到了制度设计的目标。统筹层次低的养老保险制度其运行质量必定存在许多弊端。如费率费基不一致、待遇水平高低不一、征缴力度不均、业务流程失范、便携性较差、制度收入不均、存在财政风险等。其中，最突出和最尖锐的问题是给财政带来的风险与日俱增（郑秉文，2022）。

根据国内外社保投入历程的比较发现，当社会发展到一定阶段，各国都会面临人口老龄化、企业经营压力大、经济形势复杂多变等多方面不同因素的影响，促进各国对社保投入进行优化。

我国也面临国内国外双重形势的考验，一方面，在国内经济增速减缓和人口红利下降的大背景下，民营企业经营压力持续增大，融资难等问题没有得到有效解决（蔡昉，2010；曾益，2018）。根据中小企业发展指数（Small and Medium Enterprises Development Index，SMEDI）对我国每季度 2500 家中小企业调查的数据显示，近年来，我国一直处于经济形势不景气的状态（0～100 为不景气区间，100～200 为景气区间）（见图 3–5），并且，在所有发展指数的衡量指标里，"劳动力指数"是唯一呈现下降趋势的指标（见表 3–5），也就是说我国持续的"人口红利"优势已经消失，现在企业面临的是劳动力短缺的严重问题。在这种情况下，企业对劳动力成本的上升极为敏感。

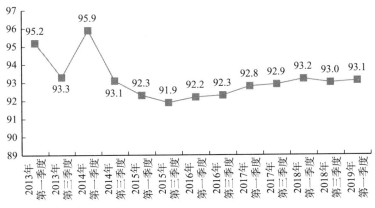

图3-5　中小企业发展指数

资料来源：中小企业发展指数报告。

表3-5　　　　　　　　　　中小企业发展指数

分项指数	2019年第一季度	2018年第四季度	涨幅（第一季度~第四季度）
总指数	93.1	93.0	↑ 0.1
宏观经济感受指数	106.5	106.3	↑ 0.2
综合经营指数	105.1	104.8	↑ 0.3
市场指数	90.3	90.3	⇒ 0.0
成本指数	102.0	101.6	↑ 0.4
资金指数	99.6	99.5	↑ 0.1
劳动力指数	107.3	107.4	↓ -0.1
投入指数	91.4	91.4	⇒ 0.0
效益指数	71.7	71.7	⇒ 0.0

资料来源：中小企业发展指数报告。

在我国经济形势不景气以及人口红利进一步下降的背景下，企业也会采取一系列的举措来应对劳动力成本带来的压力，首先，企业会通过裁员、降薪或者缓发工资来减少企业的现金支出。其次，企业会通过培训、转岗提升员工技能实现人力资源的合理配置和优化，提升员工生产效率进而降低成本。最后，企业会灵活增加员工工作时间以及选择更加灵活的用工形式进而控制成本。同时企业也会选择进行数字化转型，利用自动化工具提升工作效率，进而减少对劳动力的需求。通过上述一系列的措施，企业能够在短期内缓解用工成本，提高劳动力的使用效率和企业竞争力。

另一方面，外部环境的变化，特别是中美贸易摩擦为一些企业经营和预期带来了不利的影响（郑秉文，2019）。在这样的大环境下，作为缴费主体，合理的社会保险缴费率是企业和全社会所关注的主要问题。

因此，鉴于以上种种原因，虽然社会保险已经逐步建立了较为完善的保障制度，但是随着新形势的发展，其面临的问题也已经十分明显。

首先，不同企业间承担的社会保险存在较大差异，社会保险制度的碎片化和公平性问题引起不少的诟病（郑秉文，2018）。不同地区、不同阶层、不同所有制、不同行业、不同行政级别等本就存在社会保险不等的现象，这种身份本位现象造成了社会保险的不均。而现阶段不同类型企业实际社会保险缴费率不尽相同，进一步加大了企业、个人的不公平性。不同行业、不同地区在缴费监管上存在区别，乃至于同一地区不同类型的企业由于监管差异、社会职责不同等问题，社会保险的缴费都会差之千里，这就一定程度上导致了社会保险缴费的不公平性，缴费多的企业觉得压力大，缴费少的企业未按要求履行责任。尤其是在当前老龄化加剧的情况下，企业也面临着员工老龄化问题（王广州，2019），对于这部分员工，高额的当期缴费人员的社会保险是必要的，但是过高的社保投入又可能会加大企业的负担。

其次，我国企业社保费额实高还是虚高还未得到一致结论，需要通过大样本数据进行统计。在人口老龄化背景下，企业缴费主体缴费积极性不高、少缴、漏缴的现象频频发生，社保投入的意义不明确。实际缴费率远低于政策缴费率，导致社会保险出现"虚高"的状态。但是，实际费率和实际缴费情况并未得到翔实的大样本数据的支撑。而基于大样本数据的实际缴费率才会明确现阶段企业真实负担，进而对政策制定者精准施策提供参考。

综上所述，因国内外经济压力造成的不同企业间不同的成本压力以及社会保险政策缴费率虚高的情况使得重新审视企业社保投入变得尤为重要。明确现阶段社保投入的意义对于企业缴纳社会保险费、稳定社会福利有着极其重要的作用。

（三）企业社保投入发展的未来方向

综合我国社保投入历程以及国外典型国家经验借鉴，我国企业社保投入的发展方向可以从以下几点着手。

首先，明确社会保障的目的。环绕社会保障制度建立起来的社会责任关系，体现了社会的基本价值和由此而内生的推动社会发展的社会动员机制（周弘，1998）。因此，明确我国社会保险制度的目的是促进缴费主体按规则执行的前提，其实现代社会保险制度正是越过了家庭的藩篱、冲破了行业的局限，打破了地区的限制，使个人与企业、社会之间有责任连接关系和利益整合关系，使企业有更多机会履行社会责任（刘军强，2018）。由于当前我国发展不平衡不充分问题仍然突出，城乡区域发展、不同群体收入分配差距较大，各地区推动共同富裕的基础和条件差异较大，迫切需要走出一条适合中国国情和推动全体人民实现共同富裕的路子（郑秉文，2021）。

其次，尽快明确社保投入的正面意义。近年来因受到经济增速减缓和人口老龄化的双重影响，社保投入的正面意义不明确，导致企业少缴、漏缴社会保险费，对规范我国社会保险体系产生不利影响。现阶段进一步明确社保投入的意义和内涵，能够帮助企业尽快渡过困境，提升企业经营绩效。我国现行的养老保险制度是"统账结合"模式，该制度的设计主要是为了应对 2025 年前后要到来的老龄化高峰。然而，该制度运行时间不足两三年就出现了大规模的养老保险费收不抵支的情况，并且根据《中国养老金精算报告》显示，该缺口将逐年扩大，例如，2040 年是 3.8 万亿元，

2050 年将高达 11.3 万亿元。管理部门认为这个危机主要是因为操作性问题。对企业缴费的难以监管等问题导致了企业少缴、避缴社会保险，而个别利润率低的企业的确存在缴费率超过其可能负担的极限。过高的政策缴费率给部分经营困难的企业带来了压力，并且，政策缴费率与实际缴费率的不符又阻碍了政府的正确决策。我国实际缴费率到底如何？对企业有何影响？在部分监管不力与企业实际缴费能力的双重挤压下，合理的社保投入以及对企业的影响还需要重新思考。

第二节　企业经济效率体系搭建

一、企业经济效率的构成要素

通过上文的分析可以看出，我国社保投入在不断发展完善的过程中取得了成效，但是同时也面临着一些问题。现阶段，明确企业社保投入对于企业、政府及劳动者都有重要的意义。本部分将对企业经济效率进行框架搭建，进一步明确本书的研究框架。

经济效率是微观经济学中十分重要的概念，经济学中两大核心思想，一是稀缺性（scarcity），二是效率（efficiency）。通常来讲，提高效率是实现企业经济利润最大化的有效方式。

作为理性经济人，企业都是围绕利润最大化来进行生产活动，即在既定产量下实现成本最小，或在既定的成本下达到产量最大。那么，衡量这种成本与产出的关系，就不得不提到生产函数，在微观经济学的定义中，生产函数指的是每一时期内各种投入品的数量与所生产的该种产品的最大产量之间的关系，具体来说往往是一个公式或者图表（曼斯费尔德，1999）。生产函数往往是企业必须认真考虑的技术约束。为了更好地说明生产函数，图 3-6 显示了在简单的情况下，企业的总产出与其投入的劳动数量之间的关系。图 3 - 6 显示了当投入持续加大的时候，总产量是不断增加的；当投入到达一定数量的时候，曲线出现顶点继而下降的趋势。因此，这种曲线变化型的生产函数告诉我们：企业在追求利润最大化的时候，是需要持续一段时间增加投入的，加大投入可以有效地提升企业的总产出；但是，当投入增加到一定极限，总产出可能会出现停滞甚至是下降。企业只有处理好如何投入的配置资源，才可能谈得上利润的最大化。虽然不少学者表明，企业的目标是多元的，经济学家 W. 鲍莫尔（1952）表明部分厂商是以销售最大化为目标；制度经济学家 K. 加尔布雷斯（1953）发现厂商是以稳定和增长作为目标，其追求的只是适度利润。但是，普遍在微观经济学领域，还是以利润最大化作为厂商的目标，本书依旧延续这一分析框架。

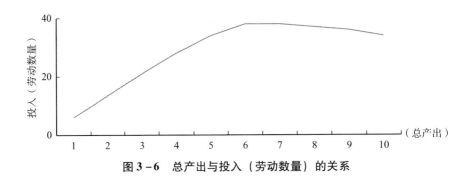

图 3 - 6　总产出与投入（劳动数量）的关系

回溯到"经济效率"，在微观经济学中其定义是，在不损害其他人的利益下，而使资源配置发挥其最大效用，常被称为"帕累托标准（Pareto Criterion）"，由维尔弗雷多·帕累托（Vifredo Pareto）提出来。也就是利用现有资源进行生产所提供效用满足的程度。多数公共政策都涉及收入分配的变化。例如，即使是关于增加数控机床生产并减少常规机床生产这样一个简单的决策，也可能让一些股东和工人有所得，而另一些人会有所失（因为某些生产机床的厂商较其他厂商在数控机床的生产方面更为专业化），在这种情况下要衡量这种决策是优是劣十分困难。因此，面对这一困难，经济学家们提出了各种解决方法。经济效率就是一个著名的、非常有影响的标准，一种不损害任何人而改善了某些人的命运（依据他们自己的判断）的变化就是一种改善。真正意义上的经济效率，既不是传统生产理论中所说的"产出最大化"，也不是传统消费者理论所描述的"效用最大化"，而是将经济效率包括在内的"社会经济效率最佳化"。由此可以看出，经济效率是讲求一种资源最优分配的方式，经济效率最大化往往代表了企业经济的最佳良性运行。

本书试图探讨社保投入对于企业的影响，那么企业的经济效率是较为聚焦的方面，也就是企业配置社保投入以达到利润最大化。进而，本书的企业经济效率的范围在上述"经济效率"的基础上则更加聚焦，即是企业在合理配置资源的基础上，提高生产效率，实现企业利润的最大化。其代表了企业在一定经济成本的基础上获得的经济收益，也就是在给定投入和技术的条件下，资源如何得到最大限度的配置。经济效率是评价企业经营生产水平的重要指标。从企业可持续发展的角度来看，经济效率的提升是衡量企业经营发展的重要指标。综上所述，本书所谈到的企业经济效率是在微观经济学中定义的基础上，聚焦于企业为了实现利润最大化和可持续发展，将资源配置最大化的过程。衡量企业经济效率，可以较为直观地看出企业的整体经营生产水平。

企业的经济效率有很多个方面，本书参考约翰和罗伯特（John and Robert，1999）的做法，主要关注社保投入对企业产出端的影响，由于篇幅的限制，暂不对其他经济效率的方面做过多的探讨，紧紧围绕社会保险对于企业产出短期和中长期两方面的影响。

首先，短期经济效率指的是企业在一定时期内的劳动产出，也就是企业在短期内完成的经济生产的效率，在本书中用劳动生产率代替。

其次，从更为长远的角度来看，企业的经济效率必须依靠一定的技术、创新、高质量人力资本等。如果仅依靠单位时间内劳动生产率无法保证企业在竞争市场中的中长期优势地位，那么，依靠创新、高质量人力资本的知识和技术是提升企业经济效率的根本。技术效率是指在给定现有技术水平、生产部分在既定投入水平下实现最大或较大产出的能力，客观来讲，技术效率是推动企业经济效率提升的重要方面，企业提升技术效率就有了提升经济效率的可能。而没有技术效率，必然就没有经济效率。因此，企业经济效率的第二个重要替代指标是创新绩效。

基于上述分析，本书选取劳动生产率和创新绩效两个维度的指标对企业经济效率进行衡量。

首先，劳动生产率在马克思主义政治经济学中是指劳动者在一定时间内生产产品的能力，或者是指劳动者生产一定的产品所消耗的劳动量。劳动生产率的水平可以用劳动者在单位时间内生产产品的指标来表示。一般来说，单位时间内生产的产品数量越多，劳动生产率越高；反之，则越低；生产单位产品所需要的劳动时间越少，劳动生产率就越高，反之，则越低。劳动生产率的高低通常由劳动者的工作熟悉程度、技术的发展程度、生产过程中的管理组织效率，以及自然条件等决定的。提升劳动生产率，对生产力的发展以及提升企业经济效率，都有着重要的作用。

其次，创新绩效是代表企业经济效率的另一个重要指标。创新绩效指的是采用新技术后，企业价值的增加。创新绩效是企业经济效率的关键驱动力，提升企业的创新绩效，可以有效促进企业经济效率的提升。具体关于创新绩效的测度指标，本书以专利数量来替代。以前的研究也广泛地使用专利数量来衡量创新绩效（Griffith Harrison and Van Reenen，2006；Acharya and Subramanian，2009），因此，专利数量具有直观且易于实施的功能，能够有效测度创新绩效。

综上所述，由于在微观经济学中企业的经济效率总是在谈论企业如何合理配置资源，也就是如何更优地加大投入促进利润产出的发展。那么，社保投入作为企业重要的劳动力投入之一，如何影响企业的经济效率是本书将要解决的重要问题。

二、企业社保投入影响企业经济效率的机制

通过本章的上述分析发现，首先，我国社保投入的覆盖面持续增大，根据中华人民共和国人力资源和社会保障部公布的《2022 年人力资源和社会保障事业发展统计公报》显示：2022 年末全国基本养老保险参保人数超 10 亿人，相比 2021 年末增加了 2436 万人，基本上做到了"应保尽保"，更多的人群从社会保险中受益。并且，企业社会保险缴费率也在逐步提升，在国际上已经处于政策缴费率偏高的国家。但事实上，我国现阶段实际缴费率远低于政策缴费率，如果从实际社保投入来看，我国社保还并不处于高水平阶段。

其次，结合外国的经验发现，社保投入在各国社会发展初期通常被当作刺激工人积极性、提高生产的一种手段；只有进入过度福利之后，社保投入的过度加大，才会对经济效率产生负面影响，滋生"养懒汉"的社会现象。

综上所述，本书发现社会保险对企业的作用并非单一的负面关系，其对企业的正面效应还未得到充分释放。因此，本章选取了企业经济效率作为本书研究的聚焦点，探究企业如何更合理地进行资源配置，以达到企业产出的最大化。

事实上，最优社保投入并没有一个统一的标准，应该依托不同国家的经济、社会、文化等背景，以及发展阶段进行调整。那么，我国现发展阶段的主要特征有以下几点。一是劳动力数量下降。根据《中国长期人口发展报告》图 3−7 和图 3−8 所示，我国老龄人口不断上升，而劳动力人口逐步下降，同时也伴随着赡养率不断上升。随着老龄化人口的急剧加深，还存在着相当一大批处于经济社会底层的老年人口未能享受社会保险福利。因此，我国的社会保险水平既要在经济社会可承受的范围内，还需要有自我调节的机制，抵御经济发展进程中可能会遇到的各种风险。

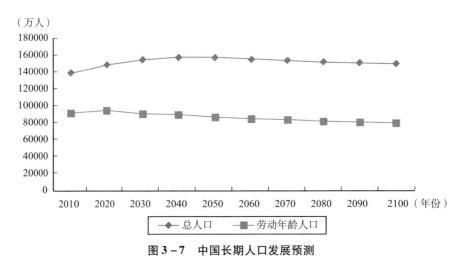

图 3 - 7　中国长期人口发展预测

资料来源：根据《中国长期人口发展报告》数据整理。

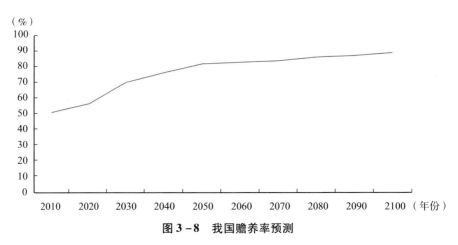

图 3 - 8　我国赡养率预测

资料来源：根据《中国长期人口发展报告》数据整理。

二是企业经营困难，我国企业面临着国内经济增速减缓以及劳动力短缺引起的一系列挑战，尤其是部分小微民营企业，受到劳动力短缺的冲击更为显著。

三是市场经济体制下就业形式的多样化给社会保险改革带来重大挑战。在计划经济时期，劳动力资源由国家统一调配，社会保险缴费基数以及管理方式更加单一。但在市场经济体制下，个体经济、私营企业吸纳了许多社会劳动力，社会保险管理分散又进一步导致了社保投入合规收缴的困难。

由此，依据国内外经验以及经济效率体系的搭建，社保投入影响企业的机制可能有以下几个方面。

（一）社保投入与经济发展水平相关联

往往雇主提供福利标准的观点是，企业只是名义上支付社会保险费用，而实际费用通过降低雇员工资来承担。鲍灵光（1997）对雇主提供社会保险的标准进行了概述。强制的社会福利会导致劳动力需求和供给两方面的变化，这会导致雇员工资实际上吸收了大部分社会保险福利。也就是说，大量的经验已经证明，雇主以较低工资的形式将社会保险转移给雇员，雇员是实际上社会保险的承担者。因此，对于社会保险缴费负担，企业应该辩证的看待。一方面，社保负担的确给企业带来一些成本支出；另一方面，我国承担的社会保险负担仅仅是单一的"社会保险缴费"，而相比之下，美国等国家的私人保障计划十分发达，企业还要承受补充养老保险、企业年金等额外保险负担，不能片面地从单一维度来比较社保投入，而应该从整体比较"总投入"。

社会保险费用一般受到国家政策、文化传统、企业对社会保险的积极性、企业本身的经济效率等多方面因素的影响。在诸多不同点中，企业、个人、政府三方共同负担的方式是大多数国家共同的选择。除了部分福利国家外，企业基本上都是社会保障资金筹集的主要来源，这既与企业社会保障费用支出是属于劳动再生产费用有关，同时也是因为社会保险企业缴费包含了企业对职工所承担的社会责任（高培勇，2010），是企业必须履行的责任。当前我国还处于社会主义初级阶段，应该以大力发展经济为前提促进社会保险制度的发展，保证人们能享受到与经济发展水平相适应的社会保险水平。同时，激励企业积极缴纳社会保险，增强企业凝聚力，提高劳动者的生活保障水平，稳定社会秩序。

社会保险主要是针对企业就业人员提供的生活保障，不同国家选择社会保险的内容、途径和方法都不尽相同，但公平和效率永远是制度选择的重要原则。要做到公平和效率的统一，就要求制定符合经济发展的缴费比例。

（二）适当运用社保投入刺激员工生产率

通过上文的框架构建可以发现，在社会发展的初期，社会保险对于企业经济效率存在正向影响效应，只是进入过度福利时代，过高的社会保险才会逐渐开始抑制企业的发展。虽然目前看来，我国社会保险政策缴费率较高，但是实际缴费率仍处于较低水平，从社会发展阶段以及实际社保投入来看，我国的社会保险水平还并不处于发达阶段，因此，对于现阶段而言，社会保险可以视作促进企业经济效率发展的一种有效方式。

并且，从上述几个典型国家经验中可以发现，社会保险稳定了员工预期，提高了员工对企业的忠诚度，从而提高企业经营绩效等其他方面。美国充分依靠市场化、社会化的力量发展社会保险，确保企业缴纳足额的社会保险，保障员工福利。日本也充分发挥企业主导作用，为了使企业更好地吸纳人才、增强员工的归属意识，每个企业都大力发展企业福利，这使日本的失业率一直控制在较低水平。在 20 世纪 80 年代后期到 90 年代初期日本经济泡沫破裂之后，企业倒闭、员工失业等情况频频发生，日本政府推出建立企业型、个人型 DC 计划，政府通过财政补贴鼓励中小型企业为其员工缴纳个人年金制度，其目的也是提高就业率，稳定劳动市场。因此，各国的经验证据表明，社会保险是企业对个人的投资，社会保险会提高员工的稳定性和忠诚性，通过对人力资本的激励提高企业的经营发展。在我国当前处于劳动力短缺和人口红利下降的情况下，合理利用社保投入稳定员工对于未来不确定性的预期，或成为提升劳动力质量的有效方法之一。

（三）适当运用社保投入提高员工创新精神

第二次世界大战后的西方国家广泛地发展社会福利，提高企业社会保险的缴费率，为了更好地发挥员工潜在创新精神，对提升企业新产品的开发有积极作用。例如，德国社会保障与劳动力社会化再生产的结合，不断培养出一大批优秀的人才，使德国成为当时西方生产效率最高的国家之一。并且，当时德国的高社会保险福利制度有效地改善了工人的生活条件，促进了社会安定，对企业经营发展有重要助推作用。因此，在企业纷纷谋求转型升级的今天，一味地压缩社会保险成本试图提高创新绩效是不可持续的，因为真正的创新生产力存在于"人"之中，只有将人力资本质量发展好，才有可能从根本上提高企业创新发展。因此，通过各国的经验梳理发现，适当利用社保投入来刺激员工的工作积极性、释放其创新精神，进而提高企业经济效率是可行的方法之一。

第三节　本章小结

本章进一步构建本书的研究框架。主要从两个方面进行梳理：一是国内外社保投入历程；二是企业经济效率的构成要素。

首先，通过对国内外社保投入发展历程的梳理发现：第一，经过几十年的摸索，我国社会保险取得了许多成效，缴费率水平逐步提升，纳入人群越来越多，覆盖面稳步提升。对于政策缴费率而言，已经在国际上处于较高水平，然而实际费率水平还较为模糊；第二，通过国外典型国家的分析发现，在大多数国家的社会发展早期阶段，社保投入都被当作刺激工人生产、稳定员工预期的一种手段，对员工生产效率、创新精神等都有激励作用。充分发挥社会保险的激励作用，对于当时安定社会起到了重要作用。因此，我国应尽快明确现阶段社保投入的实际水平及其对经济发展的影响。

其次，通过本章对企业经济效率的体系搭建发现：经济效率主要是解决如何合理配置资源投入，以达到企业利润最大化的目的。社保投入作为企业对其劳动力的重要投资方面，对稳定和刺激员工生产率以及创新精神都起到了重要激励作用。

第四章

我国企业社保实际投入的指标分析

本章首先对本书使用的数据进行了详细的说明，对于数据的来源、调查方法、样本数量等进行了细致的阐述。其次，利用此微观数据，对现阶段我国社会保险企业实际投入进行了分析，第一，对我国企业平均实际缴费率进行了测算，与政策缴费率进行对比；第二，从所属地区、企业性质、农民工和城镇人口参保情况、企业公积金等不同维度对企业实际缴费情况进行了异质性分析，全面厘清现阶段我国社会保险的真实缴费情况，为后文的实证检验提供依据。

第一节 数 据 来 源

一、调查背景

本书选择 2018 年"中国企业综合调查"（CEGS）对上述问题进行实证研究。该调查由武汉大学联合斯坦福大学、中国社科院、香港科技大学等境内外知名科研机构联合开展，约每两年在全国范围内开展一次，是我国首个企业与劳动力匹配的大型综合性调查。该调查以中国制造业企业作为主要研究对象，有效收集了受访企业有关社会保险缴费额、参保人数、工资水平、劳动力成本、技术创新、生产情况以及一系列企业特征等重要数据，并且，该数据是企业和员工两个维度的匹配数据。与现有数据相比，该调查系中国首个有效收集企业真实社会保险及企业福利行为的一手大样本微观数据库。选取上述数据进行实证研究，可有效规避由于社保投入的测度误差而对模型核心参数估计值的不利影响，对企业社会保险缴费情况可以进行较为真实的实证判断。

该调查选择国家市场监督管理总局的"企业年检数据库"所披露的全部制造业企业作为总体样本，然后基于严格的随机分层抽样方法，有效抽取了我国广东、湖北、江苏、吉林以及四川5个代表性省份的2098家企业作为受访样本，调查样本覆盖上述五省101个县区，随机抽样确保样本分布与我国制造业企业的真实状况相一致。除此以外，在调查执行方面，CEGS采用严格的入企调查方式，对上述企业2015～2017年的基本情况、财务指标、企业家、生产、销售、创新、质量控制、营商环境、人力资源等模块近1500余项调查指标进行了细致调查，并匹配性地调查了上述企业共计19321名员工有关工资薪酬、社保福利、教育、工作历史、人格特征等有关的近1000项调查指标。尤为重要的是，CEGS涵盖了丰富的社会保险相关指标，例如，参加各类社会保险项目和福利的具体情况、企业五险社会保险总缴费率、缴费基数、参保员工占比等，CEGS调查对于企业的丰富指标有助于本书获取真实的企业社会保险缴费情况，为本书的实证研究提供数据基础。

现阶段已有文献对于社会保险企业投入的研究数据基本上集中在工业企业数据库（2004～2007年），或是部分上市公司公开数据。然而，利用工业企业数据库存在数据年份久远带来的结果偏差问题，甚至某些企业人力资本等方面的数据来源于2004年，距今超过十余年，而十数年间我国企业情况和社会保险政策已存在较大差别，因此，亟须近年来的数据填补空白。另一部分文献使用的是某些上市公司数据，由于只覆盖了资产规模较大的上市企业，并且公开的数据可能与企业实际运行存在一定差异，因此极可能会出现样本选择偏差的问题。本书所使用的2018年"中国企业综合调查"（CEGS）为新常态下我国内容最全面的制造业企业调查数据，并且大部分数据涵盖 2015 ~ 2017 年的情况，对本书的议题具有较为完备的代表性，为准确的实证结果估计提供了可能。

二、调查设计

该项目启动于 2012 年，合作单位经过两年的问卷讨论，不断完善问卷的质量，在 2014 年完成了问卷的初步设计和逻辑检验，并在 2014 年 10 月 ~ 2015 年 5 月先后 5 次进行了实地试调研及经验总结。正式第一轮调研开始于 2015 年的 5 ~ 8 月，调查对象为广东省 13 个城市 19 个调查单元，每个单元抽取 50 家企业，每家企业抽取 6 ~ 10 名员工。在实地调研中，每个调查单元需完成最少 25 家企业样本，最终总计完成了广东 570 家企业、4988 名员工的调查。广东为我国经济总量最大、制造业经济最为发达的地区，其国企、民企以及外资企业等不同类型的企业的体量在全国范围内都十分突出，代表了中国改革开放后实体经济的繁荣发展。因此，选取广东作为样本省份具有良好的异质性与代表性。

第二次追踪调研在 2016 年推广至广东、湖北两大省。湖北作为我国中部代表性地区，其经济发展总量较大、企业类型异质性较强，可以有效地与广东沿海地区进行比对。因此，调研组在 2016 年对湖北省 13 个城市 20 个调查单元实现了 584 家企业、4039 名员工的调查；完成了对广东 536 家企业、4800 名员工的成功追踪。第三次即 2018 年大规模五省的调研。中国经济发展呈现典型的区域性特征，有较为发达的东部地区，有正在崛起的中部地区，还有发展中的西部地区，以及独特的东北地区。为了体现这些差异，CEGS 在东部、中部、西北和东北的多个省区开展。

三、调查方法

为了保证调查的真实性和科学性，中国企业综合调查（CEGS）采用了入企调研法、调查质量管理，以及统计分析处理等方法。

（一）入企调查法

入企调研相对于入户调研等其他方法存在一定难度，前期协调、实际入企与再次入企追踪都需要整个调研组的组织协调。CEGS 调查首先将所有调查样本落实到各个调查小组，所有调查员前期需要对所调查的企业进行资料收集、提前拜访沟通，保证企业能够配合。正式入企调查若碰到企业不配合要进行二次，甚至第三次、第四次沟通，实时上报入企及填写的具体情况，保证填写的真实性；回收问卷时 CEGS 要求当场回收并由调研员对填写问项进行逻辑检验，更正错误答案，以提高填写的准确性。调研员需要对样本中每一家企业都进行实地走访，对不能完成问卷的企业记录停产、搬迁、倒闭等情况，保证样本的科学性。

（二）调查质量管理

CEGS 调查始终把调查问卷的质量和真实性放在首位。为了保证数据的真实性和准确性，在整个调研阶段，CEGS 成立了质量控制部门，对回收的每份问卷进行进度和质量的监控。质量控制部门会对每一份问卷的逻辑、完成情况进行审核，对于不合格的问卷返回给调查员再次入企填报。最终，每份问卷需要经过审核小组的三次审核，在所有问卷都通过审核组的逻辑确认之后，调研员才可以离开调研地。通过调查小组现场核实、片区主任总体进度核实、质量控制部门最终逻辑检验，层层保证调查问卷的质量。

（三）统计分析处理

在调查问卷结束后，问卷执行机构使用数据处理软件对数据进行了详细的清洗和整理。将数据类型进行统一化处理，同时将不规范的数据进行剔除和处理，形成了一套具备准确性和科学性的大样本——中国企业调查数据库。通过规范的数据处理，保证用于论文、报告的数据是真实可靠的。

四、调查样本及其数量和分布

为了更为准确地进行入企调查，CEGS 采取了严格的随机分层抽样方式，确保样本选择的科学性与代表性。首先，以一个省所有区县的制造业就业人数为权重，进行概率抽样，广东省抽取了 19 个区县单位，湖北省、江苏省、吉林省抽取了 20 个区县单位，四川省抽取了 21 个区县单位。其次，根据第三次经济普查企业清单，对各个区（县）中的企业按照企业员工人数进行加权抽样，得出最终的企业调查样本。最后，对于员工样本，在企业给出的全部员工样本中，按照中高层 30%、一线员工 70% 的比例进行随机抽样。

（一）调查样本

科学的抽样往往从确定调查的基本单元开始，CEGS 调查的基本单元是县（区）。以广东省为例，总体的抽样框是 121 个区（县），从里面随机抽取 20 个调查单元，一共 19 个区县。再从里面分别抽取调查区域和调查企业。具体抽样程序为：

第一步，随机对 121 个区县和制造业就业人数进行排序。

第二步，以制造业企业就业人数处于抽样地区数 19 得出的数值作为抽样间距。

第三步，第一个样本区域为抽样间距和某个随机数的和来确定，之后的样本为依次加上间距，最终确定调查区域。

以广东省为例，表 4 - 1 列出了 CEGS 广东省样本抽取结果。

表 4 - 1　　　　　　　　调查区域样本抽取结果

省代码	城市代码	市名	区代码	区名
1	1	广州	31	海珠区
	1	广州	32	番禺区

续表

省代码	城市代码	市名	区代码	区名
1	2	深圳	33	宝安区（双倍样本）
	2	深圳	34	龙岗区
	3	珠海	35	斗门区
	4	佛山	36	禅城区
	4	佛山	37	顺德区
	5	江门	38	恩平市
	6	湛江	39	廉江市
	7	肇庆	40	四会市
	8	惠州	41	惠城区
	9	阳江	42	阳西县
	10	中山	43	中山
	11	潮州	44	湘桥区
	12	揭阳	45	揭东县
	13	东莞	46	道滘、沙田、厚街
	13	东莞	47	长安
	13	东莞	48	东城
	13	东莞	49	常平、桥头、横沥、东坑、企石、石排、茶山、松山湖

确定了调查区域之后，进一步确定调查企业，具体程序为：

第一步，随机对调查区域内的制造业企业进行排序，然后以制造业企业就业人数加总除以企业样本数50的数值作为抽样间距；取抽样间距与随机数（0，1）乘积的整数作为第一个企业样本。

第二步，逐渐加间距以确定其余的49家样本企业。当出现同一家企业被选中两次的情况时，则顺延到相邻的下一家企业作为样本。

第三步，在正式调查时，选取50家样本企业中的前36家作为正式调查样本。当企业出现倒闭、关门或其他无法进行调研的情况时，依次向下一家企业顺延，直到完成 36 个企业样本的调查。

通过严格的层层抽样，保证了样本选择的随机性和科学性，为接下来的实证分析奠定了基础。值得说明的是，CEGS 和每个调查对象企业都签署了保密协议，CEGS 承诺每个企业的名称不会被公开，保证数据不会被泄露到学术研究以外的地方。

（二）样本数量

表 4 - 2 列出了 2018 年 CEGS 最终有效样本数量。

表 4 - 2　　　　　　　　　2018 年 CEGS 最终有效样本数量

省份	有效企业样本数（家）	有效员工样本数（名）
广东	485	4498
湖北	463	3286
江苏	357	3573
四川	335	2548
吉林	338	2474
总体	1978	16379

（三）样本行业分布

本次调查的数据在行业分布上具有较强的代表性，具体来说，按照国民经济行业分类，CEGS 调查覆盖了 31 个制造业行业中的 28 个类型。

并且本次调查中不同行业企业的抽样比例与现有统计年鉴中的企业总体数量占比情况十分接近。其中，对于广东的金属制品业，纺织服装、服饰业，电气机械和器材制造业等，以及湖北的非金属矿物制品业、汽车制造业、电气机械和器材制造业等占比较大的行业，CEGS 调查的样本占比与统计局发布的相关数据则更加趋近。

第二节 企业社保实际投入情况的描述性统计

一、企业实际缴费率与政策缴费率存在差异

我国的社会保险政策缴费率一直处于偏高水平，其中尤其是养老保险高于 OECD 等发达国家，这也是社会各界诟病"企业社保负担重"的主要原因。从缴费基数来说，一直以来规定的是，社会保险的缴费基础不得低于上年度全市月平均工资的 60%，不得高于上年度全市月平均工资的 300%。从养老保险缴费率来说，各省份呈现不同的标准，按照其社会保险经办机构制定的标准进行缴费。表 4 - 3 可以看出 2018 年城镇职工基本养老保险单位政策缴费率，大多数省份在 20% 左右，仅少数省份为 14%，社会保险缴费率处于较高水平。

表 4 - 3　　　　　全国各省养老保险缴费率（2018 年）

省份	缴费率（%）		省份	缴费率（%）	
	单位	个人		单位	个人
北京	19	8	湖北	19	8
上海	20	8	湖南	19	8
天津	19	8	安徽	19	8
辽宁	20	8	江西	19	8
河北	20	8	四川	19	8
山东	18	8	重庆	19	8
江苏	19	8	陕西	20	8
浙江	14	8	云南	19	8
福建	18	8	贵州	19	8
广东	14	8	广西	19	8

续表

省份	缴费率（%）		省份	缴费率（%）	
	单位	个人		单位	个人
海南	19	8	甘肃	19	8
黑龙江	20	8	内蒙古	20	8
吉林	20	8	宁夏	19	8
山西	19	8	青海	20	8
河南	19	8	新疆	19	8
西藏	20	8			

资料来源：根据《中国统计年鉴》数据资料整理。

　　然而，不少研究指出我国企业存在缴费不实的问题（Nyland et al.，2002；Core，1999），多地企业所承担的实际缴费基数仅相当于实际工资的 70% 左右，这导致虽然企业养老保险缴费率名义上负担高达 20%，但实际远远低于这个标准。又加之，由于名义社会保险缴费率是采用当地政府规定的社保支出占员工工资的比例作为测算依据，上述指标实际上忽略了企业在社保缴费工资基数上的内生性选择。因此，采用政策社会保险缴费率进行研究，将难以避免由于测度误差所造成的估计偏误。特别地，如果考虑到企业倾向于通过降低社保缴费工资基数进而降低社保投入的实际情况，单纯采用政策社会保险缴费率作为代理变量，将造成企业真实社保投入水平的高估，对实证结果产生影响，甚至得出与实际情况截然相反的情况。因此，不能单一地以政策缴费率作为社保投入的指标，为了更为准确地估计企业的真实缴费情况，本章首先利用微观数据对近年来企业社会保险实际缴费率进行了统计。

　　首先，根据 CEGS 数据发现，我国企业社保缴费实际缴费率在 19.3% 左右，远低于政府 30% ~ 40% 的标准缴费比例，并且 90% 左右的企业实际缴费率低于平均政策缴费率。可以说，社会保险缴费不实的情况确实存在，只是由于企业数据的难以获取，该项指标之前没有得到准确的测算。

而本书通过对中国五省的大规模调研数据发现（见图4－1），2018年，我国社会保险实际缴费率为19.3%，远低于政策缴费率，且绝大部分都存在缴费不实的情况。企业缴费不实可能是企业出于压缩成本等多方面的考虑，但是由此可以看出，现阶段我国企业社会保险实际负担并不高，在适当减免政策缴费率的同时，更为重要的应该是如何提高征缴率，完善企业社保缴费制度，以达到政策缴费率与实际缴费率相符合，满足劳动者社会保障福利的需求。分省份来看，广东省的社会保险缴费率为五省最低，为16.3%；吉林省的实际缴费率最高，为23.4%；江苏省的平均缴费率低于平均水平，而湖北省和四川省的平均社会保险缴费率略高于平均水平，分别为19.4%和20.9%。不同地区的社保缴费基数标准因地区经济状况和平均工资水平的不同而有所差异，广东省民营经济发达，而一般而言私营企业实际缴费率偏低；而吉林省国有企业多，国有企业的社会保险缴费率及缴费基数都偏高，因此缴费率偏高。

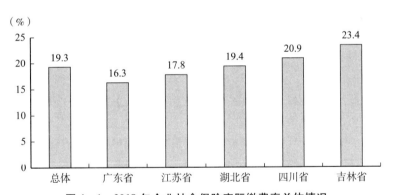

图4－1　2018年企业社会保险实际缴费率总体情况

其次，下文利用中国五省的数据对不同类型、不同地区的社会保险缴费率进行分析。导致企业缴费不实的原因有许多，总结来看，主要有以下几个原因：第一，从企业个体层面出发，不同类型企业社会保险缴费率不同。这是由于，不同类型的企业经营状况不同，又加之，在社会保险改为税务部门征缴之前，社保经办机构对企业社会保险缴费的监管要做到严格按照缴费标准存在一定难度，因此部分类型的企业在社会保险缴费率上存在少缴、漏缴，甚至不缴的现象（封进、张素蓉，2012）。有学者提出集体企业和私营企业存在缴费压力大的情况，但是总体来讲，国有企业能够承受当前的社会保险缴费率（许志涛、丁少群，2014）。私营企业社会保险缴费能力弱，因其劳动密集型产业多，多数利润水平较低，当按照工资同一比例上交社会保险时，其负担的缴费绝对额大，导致缴费压力大。如图 4-2 所示，国有企业社保支出占企业总成本比重最低，为 2.71%，港澳台企业的社保支出高于国有企业，为 3.57%，其中民营企业和外资企业的社保支出占企业总成本的比重最高，分别为 3.65% 和 3.90%。外资企业缴费占比高可能与外资企业重视劳动福利的规范性有关，外资企业由于经营理念、企业规模及违规代价大等原因，使社保等福利支出更多、占企业总成本的比例更高。

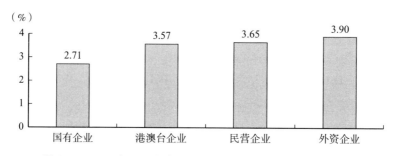

图 4-2 2018 年不同所有制企业社保支出占企业总成本比重

第二，导致企业社会保险缴费率不实的原因为各部门征缴方式不统一，造成了社会保险缴费不规范，约束力不强。长期以来，我国社保征管严重结构性不平衡，因此全国范围内税务统一征收社保费改革方向在 2018 年推出，引起了舆论较大的关注。也有学者提出，"降费率"是普惠性政策，单独降费不足以应对社保征管存在的结构性矛盾，为此还需辅以若干结构性政策予以对冲（汪德华，2019）。社保征缴部门缺乏一定的强制性，导致大量地区存在征缴不规范的情况。按照《中华人民共和国社会保险

法》以及《中国社会保险费征缴暂行条例》，企业应当按照职工上一年度
12 个月的所有工资性收入所得的月平均工资来确定缴费额，但是在实际
征缴过程中，部分企业仅按照最低缴费基数来确定社会保险费。因此，这
造成了企业缴费率不实的情况。并且，不同地区企业社会保险缴费能力不
尽相同。根据 CEGS 数据，从图 4 - 3 可以看出，从总体来看我国社保支
出占企业总成本比重为 3.58%，湖北省社保投入占总成本的比重最高，为
3.79%，而广东省和江苏省略低于湖北省，分别为 3.60% 和 3.64%，均
高于总体水平。而吉林省和四川省社保支出占企业总成本比重均低于总体
水平。可以看出，湖北省企业的社保成本相对较重，由于其部分企业利润
水平低，而社保投入占企业总成本高于广东省，缴费略为困难。不同地区
的政府监管力度也不同，企业类型和利润额也不同（陶纪坤、张鹏飞，
2016），因此造成不同类型、不同地区企业社会保险缴费能力存在差别，
其社保负担也不尽相同。

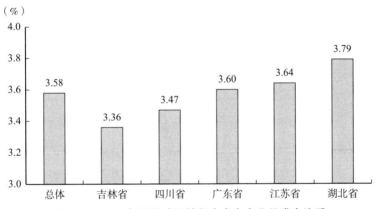

图 4 - 3　2018 年不同地区社保支出占企业总成本比重

二、企业社会保险参保率情况

目前，我国正在努力地不断扩大社保覆盖面，逐步实现社保全覆盖，
我国社会保险覆盖范围的政策目标从"广覆盖"转变为"全覆盖"，同时

我国也基本建立了统筹城乡、覆盖全民、多层次的社会保障制度体系。根据 CEGS 数据可知,2015~2018 年,我国企业社会保险参保率整体呈现上升的趋势,覆盖面持续扩大,大部分企业的员工都参加了社会保险,根据图 4－4 可知,企业各项社会保险的参保率中,养老、医疗和工伤保险的参保率水平较高,失业保险和生育保险的参保率水平较低,特别是生育保险参保率仅有 74.8%。不同险种参保率水平大不相同,养老、医疗和工伤保险参保率整体水平较高,而失业保险和生育保险整体参保率水平相对较低,因此我国企业社会保险参保率水平仍然没有达到全覆盖的目标,需要进一步提升社会保险的参保率,扩大参保范围,让更多的民众享有社会保险待遇。

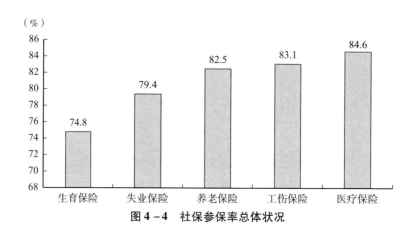

图 4－4　社保参保率总体状况

另外,本章特别对农民工和城镇职工的社保参保率进行对比。2017 年末,我国城镇化率 58.52%,全国农民工总量达 28652 万人,其中外出农民工 17185 万人,本地农民工 11467 万人①。农民工为我国城市的建设和发展作出了巨大贡献,提供了大量劳动力,同时也加速了城乡之间的融合,促进我国城乡一体化的进程,目前我国农民工数量的增加也使国家和

① 中华人民共和国 2017 年国民经济和社会发展统计公报 ［EB/OL］. https：//www. stats. gov. cn/sj/zxfb/202302/t20230203_1899855. html,2018 － 02 － 28.

社会开始重视农民工的权益保护和社会保障问题。根据 CEGS 数据调查可知，和城镇职工相比，农民工的社保参保率水平较低，许多农民工由于参保意识不强，对于社会保险重要性的认识不足以及收入不稳定，缴费能力有限等原因选择不缴纳社会保险。如图 4－5 所示，农民工和城镇职工在养老、医疗、失业保险等五种社会保险上的参保率存在较大的差别，农民工群体在五类社会保险的参保率均低于城镇职工，除了工伤保险参保率，其他四项保险的城镇职工参保率均高出农民工参保率10％左右的水平，特别是在养老保险上两者的差距达到了 13.5％，农民工工伤保险参保率低于城镇职工工伤保险参保率4.7％。由此可见城乡之间社会保险参保率水平仍然存在一定的差异，我国实现社会保险全覆盖的目标仍然需要继续努力。同时社会保险参保率的差距不仅仅存在于城乡之间，在农民工群体中也是存在的，根据图4－6所示，外地农民工的五类社会保险的参保率均高于本地农民工。其中，失业保险参保率差距最大，外地农民工的失业保险参保率比本地农民工高出 13.7％，工伤保险参保率差距最小，外地农民工的参保率比本地农民工高出 8.2％，由此可以看出，农民工流动对于社会保险的参保率也存在影响，使外地农民工和本地农民工的参保率水平存在一定的差异。

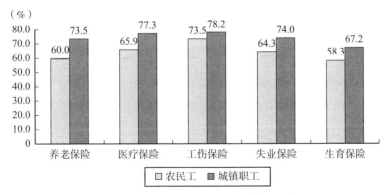

图 4－5　农民工和城镇职工社保参保率对比

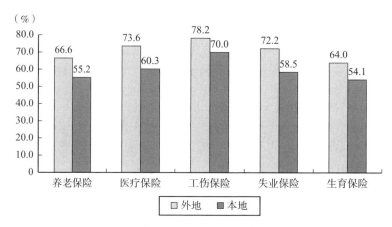

图 4-6 本地外地农民工社保参保率对比

综合来看，我国企业各项参保率仍存在一定进步的空间，目前生育保险和失业保险的参保率水平仍然较低，城镇职工和农民工之间的参保率水平仍然存在较大差距，需要进一步提升农民工社会保险参保率水平。同时，本地农民工和外地农民工群体之间的社会保险参保率水平也存在较大差异，需要改善。由此可以得出，我国户口和户籍制度对社会保险参与的影响是存在的。

三、不同地区企业社保投入情况

依据地区经济发展水平的差异，各地缴费比例参差不齐。区域间的经济发展不平衡导致各地区企业能够承担的社保水平不尽相同，经济较为发达、年轻劳动力较为饱和的广东等沿海地区社会保险缴费率较高，而经济欠发达地区的社会保险缴费比例受到劳动力成本的影响更为严重，从而导致缴费比例偏低。根据图 4-7 可知，对于广东和湖北两省份，从养老、失业、医疗等几项保险的参保人数来看，广东省的城镇职工基本养老保险、失业保险等五项险种的参保人数要明显高于湖北省。同时，通过表 4-4 对于 2018 年度武汉市和广州市五种险种的最高和最低缴费基数的规定进行对比可以看出，广州市在养老、医疗和生育保险上的缴费基数规定高于武汉市缴费基数规定，而在失业保险和工伤保险上的缴费基数规定略低于武汉市的缴费基数规定。因此，广东地区的社会保险参保人数和缴费水平高于中部地区。

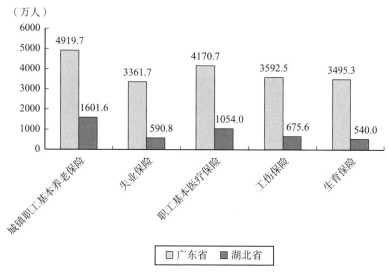

图 4 - 7　2018 年不同省份社会保险参保人数

资料来源：《中国统计年鉴 2019》。

表 4 - 4　　　　　　　　　2018 年度不同地区缴费基数

参加险种	统筹地区	2018 年度缴费基数	
		最低缴费基数（元）	最高缴费基数（元）
职工基本养老保险	广州市	3170	18213
职工基本养老保险	武汉市	3093.30	17990.70
失业保险	广州市	1895	22275
失业保险	武汉市	3093.30	17990.70
职工基本医疗保险	广州市	4455	22275
职工基本医疗保险	武汉市	3093.30	17990.70

参加险种	统筹地区	2018 年度缴费基数	
		最低缴费基数（元）	最高缴费基数（元）
工伤保险	广州市	1895	22275
工伤保险	武汉市	3093.30	17990.70
生育保险	广州市	4455	22275
生育保险	武汉市	3093.30	17990.70

资料来源：根据《武汉市人力资源和社会保障局文件》和《广州市五险一金缴费基数上下限全部确定》公告得来（时间为 2018 年 1 月 1 日~6 月 30 日）。

综合发现，我国企业社保投入呈现地区偏移，社会保险缴费水平与地区经济发展水平之间呈现正相关性。广东地区经济发展水平高，社会保险缴费水平高，五险一金等福利好，然而中部等欠发达地区的社会保险缴费水平相对较低。

四、不同所有制企业社保投入情况

为了详细剖析我国社会保险真实现状，本章进一步探究不同类型企业的社会保险缴费率，以及影响社会保险缴费率不同的因素。本书对企业所有制特征进行分类，图 4-8 显示，2015~2018 年，不同所有制企业社会保险实际缴费率都低于 40% 的缴费标准，即低于政府规定的社会保险缴费标准。四种类型的企业的社会保险缴费率分别为 17.4%、18.6%、20.7%、25.8%，其中港澳台企业的社会保险缴费率占工资成本的比重最小，为 17.4%，低于民营企业和外资企业，国有企业社会保险缴费率最高，为 25.8%。由此初步说明我国社会保险缴费呈现较为明显的所有制差异，不同所有制企业社会保险缴费率均偏低，并且实际缴费率也存在较大差异。

接着，本书用五险一金缴费率、参保员工比例以及人均社保成本三个指标来测算不同所有制企业的缴费情况。

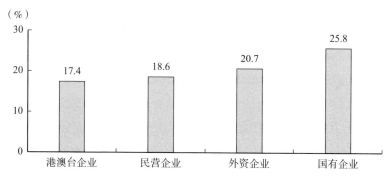

图 4 - 8　2015 ~ 2018 年不同所有制企业社会保险缴费率

根据表 4 - 5 可知，不同所有制企业员工社会保险参保率不同，根据五类社会保险参保率水平综合来看，国有企业员工社会保险参保率水平最高，其次是外资企业员工，国有企业员工五类社会保险参保率水平均高于外资企业，并且国有企业和外资企业员工五类社会保险参保率水平均高于90%。相对，港澳台企业和民营企业员工参保比例较低，其中民营企业五类社会保险参保率水平基本在 70% 左右。国有企业以及外资企业的参保比例最高，社保覆盖面最广，缴费行为相对规范。国有企业除了承担经济职能之外，还承担一定的政治职能，所以在社会保险缴费率上明显偏高。而外资企业的劳动者权益保护制度相对完善，因此社会保险缴费率也较为规范。具体来说，相较于民营企业，国有企业的社会保险缴费率为 0.22，民营企业仅为 0.11（见图 4 - 9）。与国有企业高覆盖率相匹配的，国有企业和外资企业的人均社保成本也相对较高，特别是国有企业的人均社保成本高达 1.57 万元，此结果说明国有企业的社会保险不仅覆盖率高，且缴纳额度高，缴费能力强，员工社会福利高。同时，外资企业的人均社保成本也高达 1.38 万元，在各种类型的企业中达到较高的水平。然而，值得注意的是，民营企业人均社保成本不足一万元，又一次印证了民营企业的社会保险缴费率低，覆盖面较低，对于员工的社会保险参保意识较为薄弱。综合社会保险缴费率、参保员工比例以及人均社保成本这三个指标来看，国有企业和外资企业社保缴费能力强、覆盖面广。

表4-5　　　　　　　不同所有制企业员工社会保险参保率　　　　　单位：%

保险类型	国有企业	民营企业	港澳台企业	外资企业
养老保险	96.0	76.2	88.5	93.5
医疗保险	95.8	78.5	92.3	94.2
失业保险	95.2	71.6	89.7	92.6
工伤保险	95.4	78.7	91.5	94.2
生育保险	91.6	68.4	86.4	90.3

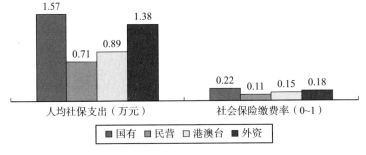

图4-9　不同所有制企业的社保投入差异

虽然国有企业普遍社保缴费比例高于民营企业，但是有趣的是，民营企业单位缴纳社保部分的比例仍然不低。综合企业社保缴费比例结果，我们可以发现我国国有企业和外资企业承担企业缴费比例都处于较高水平，缴费能力较强，尤其是国有企业和外资企业中超过90%的员工都有社会保险。民营企业缴费能力弱，其中雇主承担了较大部分的社保。

综合来看，我国国有企业和外资企业社会保险缴费率高，参保人数多，缴费能力强，缴费较为规范。而我国劳动密集型小微企业众多，这些企业由于资本对劳动力的替代性较弱，可能会通过降低工资水平、降低社会保险水平来压缩企业成本。从CEGS数据结果看来，我国民营企业的社会保险缴费率和覆盖面均呈现较低状态。可以说，民营企业存在一定不合规缴纳社会保险的情况，但是相对其利润而言，雇主承担的社会保险仍然较高，也存在一定缴费压力。

五、企业住房公积金投入情况

企业为员工提供的社会保障项目不仅包括五类社会保险,还有住房公积金项目,住房公积金主要用于住房相关的经济活动,住房公积金制度是我国住房保障体系的重要组成部分,为改善城镇居民住房条件发挥了重要作用,因此为了了解当前企业住房公积金的投入状况,本书结合调查数据可以发现以下情况。

首先,如图4-10所示,通过调查各省份的住房公积金的总体情况进行统计可以看出,目前从整体来看仅有33.4%的员工拥有住房公积金,这意味着本次被调查企业中仅有1/3的员工缴纳了住房公积金,剩余的大约2/3的员工没有住房公积金。从调查省份的住房公积金情况来看,吉林省和江苏省的员工拥有的住房公积金比例较高,高于总体的平均水平,其中江苏省的员工拥有住房公积比例水平最高,有50.7%的员工表示其拥有住房公积金。吉林省的住房公积金覆盖程度高于平均水平,为48.5%。其余三省的住房公积金覆盖程度均低于平均值,其中,四川省为27.5%,广东省为25.0%,湖北省最低,为18.8%。由此可以看出,目前从整体来看我国住房公积金员工拥有的比例不高,并且在不同省份之间存在较大差异。

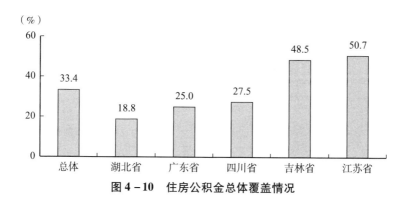

图4-10 住房公积金总体覆盖情况

其次，企业所有制对于员工住房公积金覆盖情况存在影响，企业所有制特征不同，其员工住房公积金覆盖率水平也不同，如图 4 - 11 所示，根据调查报告可知，不同所有制企业的住房公积金覆盖情况与五类社会保险参保率范围相似，均为国有企业和外资企业的覆盖范围较广，远高于总体平均水平 33.4%，而民营企业和港澳台企业覆盖范围较低。其中，国有企业住房公积金覆盖范围最高，为 67.2%，其次为外资企业，有 60.9% 的员工享有企业提供的住房公积金，民营企业住房公积金覆盖范围最低，远低于总体平均水平，民营企业仅有 21.3% 的员工享有企业提供住的房公积金，港澳台企业接近平均水平，有 32.8% 的员工享有住房公积金。由此可见，国有企业和外资企业不仅在社会保险上参保比例最高，覆盖面最广，缴费行为相对规范，在住房公积金缴纳上也是如此，国有企业和外资企业覆盖范围远高于民营企业和港澳台企业的范围。

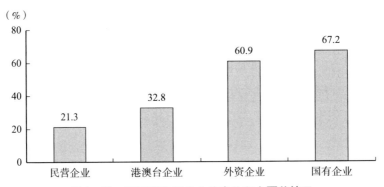

图 4 - 11　不同所有制企业住房公积金覆盖情况

同时，员工住房公积金覆盖范围与员工学历以及户口性质也有着紧密联系，不同学历水平和户口性质的员工其住房公积金覆盖范围也存在差异。如图 4 - 12 所示，员工的学历水平越高，其住房公积金覆盖范围越高，员工学历水平和住房公积金覆盖水平存在紧密的联系。因此，初中及以下学历水平的员工住房公积金覆盖范围最低，仅有 14.1% 的员工拥有住房公积金，高中及中专学历员工中仅有 29.4% 的员工拥有住房公积金，大专或高职学历的员工中有44.7%的员工拥有住房公积金，而大学本科及以上学历的员工中有64.3%的员工拥有住房公积金，这意味着大学本科及以上学历水平的员工中有超过一半的员工拥有住房公积金，住房公积金的覆盖范围与员工学历水平之间存在着明显的正向影响关系。

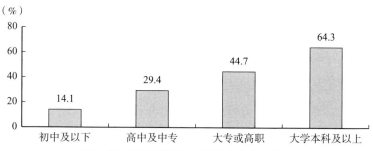

图 4-12 不同学历员工的住房公积金情况

如图 4-13 所示，不同户口性质的员工其住房公积金覆盖水平也存在差异，非农业户口的员工拥有住房公积金的比例高于农业户口的员工，其中非农业户口的员工有 42.9% 拥有住房公积金，农业户口的员工有 24.3% 拥有住房公积金。

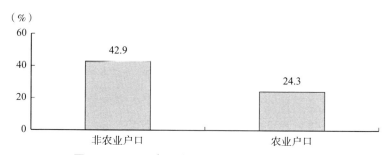

图 4-13 不同户口性质员工的住房公积金状况

综上所述，目前住房公积金作为我国社会保障体系的重要组成部分，在改善城镇居民住房条件方面发挥着重要作用。但是根据调查发现，目前住房公积金总体覆盖范围较低，各省份之间的覆盖范围存在较大差异。同时住房公积金覆盖范围水平与企业所有制、员工学历水平以及员工户口性质之间存在联系，国有企业和外资企业住房公积金覆盖范围高，本科及以上学历员工住房公积金覆盖范围高，非农业户口员工住房公积金覆盖范围高。

六、企业补充保险投入情况

目前除了五类社会保险和住房公积金之外，还存在企业补充保险，企业补充保险是企业根据自身经济实际和员工需要，自愿建立的补充性保险制度，目前补充保险主要为补充养老保险和补充医疗保险两大类，为了更进一步了解目前企业对员工福利的重视程度，本次调查对于补充医疗保险和补充养老保险的参与情况进行了调查，特别是对企业年金进行了较为详细的调查。

首先，在补充养老保险方面，城镇居民养老保险、新型农村居民养老保险和商业人寿保险作为养老保险体系的第三支柱，从整体上看目前参保水平较低，和第一支柱的城镇职工基本养老保险参保水平相比存在较大的差异。根据图 4 - 14 可以发现，在调查员工中，城镇居民养老保险参保率最高，为 31. 30% 。新型农村居民养老保险和商业人寿保险的参保率水平较低，其中，新型农村居民养老保险参保率水平为 18. 16% ，商业人寿保险的参保率水平最低，为 14. 46% 。由此可以发现，目前我国养老保险体系的第三支柱发展较为缓慢，参保率水平较低，而养老保险体系第三支柱是积极应对人口老龄化的重要举措，特别是个人养老金制度是个人理性规划养老资金，合理选择金融产品，让老年生活更有保障、更有质量的重要措施。

其次，在补充医疗保险方面，补充医疗保险作为基本医疗保险的重要补充，是多层次医疗保障体系的重要组成部分，本次主要对新型农村合作医疗保险、城镇居民医疗保险、个人购买商业医疗保险和企业提供商业医疗保险四类补充医疗保险进行了调查，根据图 4 - 15 可知，在补充医疗保险参保情况中，员工参加城镇居民医疗保险的比例最高，为46.04%，参与新型农村合作医疗保险的员工占比31.61%，参与企业提供商业医疗保险的员工占比34.06%，个人购买商业医疗保险参保率最低，为21.08%。由此可见，各类补充医疗保险参保率水平也存在差异。

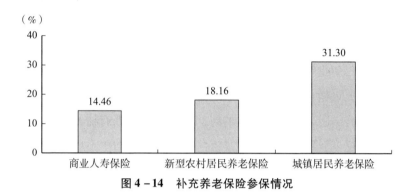

图4-14 补充养老保险参保情况

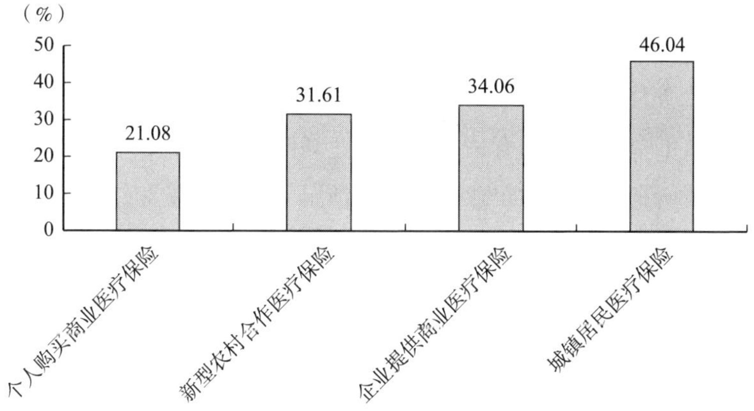

图4-15 补充医疗保险参保情况

最后，在企业年金方面，企业年金是企业及其职工在依法参加基本养老保险的基础上自主建立的补充养老保险制度，第一，如图4-16所示，通过对调查省份的企业年金的总体情况进行统计可以看出，目前从整体来看仅有7.1%的员工拥有企业年金，这意味着本次被调查企业中仅有极少数的员工缴纳了企业年金，剩余的大部分员工都没有企业年金。从不同省份的企业年金缴纳比例来看，吉林省和江苏省企业年金员工拥有比例高于总体的平均水平，其中，吉林省的员工拥有企业年金比例最高，有 13.2% 的员工拥有企业年金。江苏省的员工拥有企业年金的比例略高于平均水平，为 7.3%。其余三省的企业年金覆盖程度均低于平均值，其中，湖北省为 6.8%，四川省为 5.2%，广东省最低，为 5.0%。由此可以看出，目前从整体来看我国企业年金总体覆盖范围较少，仅有小部分员工拥有企业年金。第二，员工拥有企业年金的情况与员工学历有着紧密联系，不同学历水平的员工其企业年金拥有比例也存在差异。如图 4-17 所示，员工的学历水平越高，其企业年金拥有比例越高，员工学历水平和企业年金覆盖水平存在紧密的联系。因此初中及以下学历水平的员工企业年金拥有比例最低，仅有 3.1% 的员工拥有企业年金，高中及中专学历的员工中仅有 5.9% 拥有企业年金，大专或高职学历的员工中有 8.7% 拥有企业年金，而大学本科及以上学历的员工中有 15.1% 拥有企业年金，企业年金的拥有情况与员工学历水平之间存在着明显的正向关系。同时，企业所有制对于员工企业年金拥有情况也存在影响，企业所有制特征不同其员工企业年金拥有情况也不同，如图 4-18 所示，根据调查报告可知，不同所有制企业的企业年金拥有情况与社会保险和住房公积金拥有情况相似，均为国有企业和外资企业的企业年金拥有占比较高，而民营企业和港澳台企业拥有占比较低。其中，国有企业员工拥有企业年金占比最高，为 20.2%，其次为外资企业，有 8.6% 的员工享有企业年金，民营企业住房公积金覆盖范围最低，远低于国有企业的企业年金参保率，民营企业仅有 4.3% 的员工享有企业年金，港澳台企业员工的企业年金参保率略高于民营企业，但也远低于国有企业参保率水平，企业年金参保率仅有 4.7%。由此可见，国有企业和外资企业在企业年金上的参保比例最高，覆盖面最广，缴费行为相对规范。

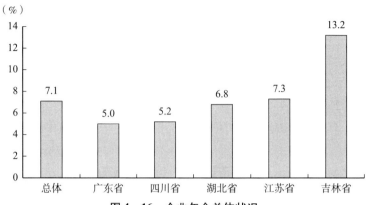

图 4 – 16　企业年金总体状况

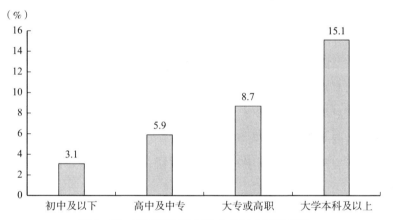

图 4 – 17　不同学历员工的企业年金拥有状况

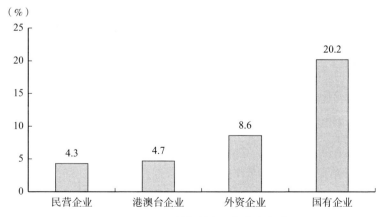

图 4 – 18　不同所有制企业年金参保率

综上所述，我国补充保险不论是补充养老保险还是补充医疗保险的参保率水平都较低，从企业年金的缴纳情况来看，我国国有企业和外资企业的企业年金参保人数多，缴费能力强，缴费较为规范。而民营企业和港澳台企业的企业年金参保率水平较低。企业所有制和员工学历对于补充保险的参保情况存在影响。

第三节　本章小结

本章利用 CEGS 数据，对我国社会保险缴费现状进行了分年份、分类型、分地区等的系统性梳理，同时还对我国企业住房公积金和补充保险投入进行了总结梳理，总结了我国不同企业的社保投入异质性。

第一，本章提出我国社会保险实际缴费率远低于官方标准，据统计，我国企业实际缴费率在 19% 左右，低于 40% 左右的政策缴费率。这显示我国实际缴费率和政策缴费率存在较大差别，企业出于多方面压缩成本的考虑，选择规避部分社保缴费，因此现阶段我国实际费率并不处于高水平。

第二，本章对我国企业社会保险参保情况进行了分析，目前我国企业社会保险参保情况仍然没有达到全覆盖的目标，在参保率水平上不同类别社会保险存在较大差异。同时根据 CEGS 数据调查可知，和城镇职工相比，农民的社保参保率水平较低，社保参保率的差距不仅仅存在于城乡之间，在农民工群体中也是存在的，外地农民工的参保率比本地农民工的参保率高出 8.2%，因此现阶段我国参保率水平仍然有待进一步扩大。

第三，我国社会保险存在地区差异，并且随着经济发展水平不同呈现不同趋势。数据显示，广东省社会保险缴费率高、覆盖面广，而湖北省社会保险缴费率相对较低。因此，现阶段我国社会保险缴费的地区差异参差不齐，这可能是由于地区间经济发展差异，导致部分地区年轻劳动力多、缴费能力强。

第四，本章还对不同类型的企业进行了梳理，发现不同类型企业在社会保险缴费上呈现不同程度的差异，国有企业和外资企业的社会保险缴费率处于较高保障水平，国有企业存在一定的社会政策和补贴的偏移，肩负着一定的政治责任；欧美系外企在履行法律法规上较为规范，并且注重员工福利保障，因此这两类企业的社会保险缴费率明显偏高。相比较而言，民营企业受到经济环境的影响更为严重，在社会保险缴费上呈现明显的偏低。

第五，本章还对五险一金中的住房公积金以及企业补充保险的投入情况进行了分析，发现目前住房公积金和补充保险总体覆盖水平较低，各省份之间存在较大差异。同时，覆盖范围水平与企业所有制、员工学历水平以及之间存在联系，与社保投入类似，均为国有企业和外资企业员工拥有比例高，民营企业和港澳台企业员工拥有比例低。

综上所述，通过本章对于数据的描述性统计发现，企业实际社保投入平均在19%左右，且不同类型企业的投入存在较强的异质性。基于此，后文将进一步阐明企业社保投入对企业经济效率的影响及影响机制。

第五章

企业社保投入对劳动生产率的影响

劳动生产率是企业经济效率重要的衡量方法之一，本章对社保投入与劳动生产率之间进行了计量检验。首先，本章阐述了变量的选取和模型的构建；其次，基于数据，本章进行了社会保险与劳动生产率之间关系的初步描述性统计；最后，本书利用 OLS 基准回归方法进行基准回归和异质性分析，得出了社会保险与劳动生产率之间存在正向关系。

第一节　变量选取和模型构建

关于企业社保投入对于企业经济效率的影响分析，本章首先选择劳动生产率作为经济效率的衡量标准，运用 OLS 回归模型进行回归测算。以下将依次对变量测度、基准计量模型与内生性问题进行论述。

一、变量选取

（一）被解释变量：劳动生产率

本书选取人均销售收入（万元/人）作为劳动生产率的代理变量。人均销售收入是指平均在每个人身上的销售收入，人均销售收入是考核企业经济效率的重要指标，人均销售收入越高，企业效率越高。具体而言，本书利用问卷中"2017 年实际销售收入"／"人数"得出人均销售收入作为衡量劳动生产率的代理变量（见表 5 - 1）。

表 5 - 1　　　　　　　　　劳动生产率的统计定义及测度方法

维度名称	统计含义	测度方法
人均销售收入（万元/人）	每位劳动者的销售收入	2017 年实际销售收入/人数

资料来源：根据 2018 年 CEGS 的相关问卷信息进行整理。

（二）解释变量：企业社保投入

为了稳健地测算社保投入对于企业劳动生产率的影响，我们分别使用人均社保支出对数值、社保支出占工资成本的比例这两个指标作为企业社保投入的代理变量。具体而言，选取 CEGS 数据中有关企业社会保险福利等的一系列问项，用于本研究的问项集中在 CEGS 问卷中"保险和福利"模块中。如表 5 - 2 所示，选取的变量有人均社保支出及社保支出占工资成本的比例。首先，人均社保支出是各企业用于单个劳动者交纳五险一金的支出，反映企业人均社保投入，是最为直观反映企业社保投入的指标。除此之外，本书还引入社保支出占工资成本的比例这一指标反映社保支出占企业工资总成本的比重，可以有效衡量企业社保投入的负担。因此，本部分综合使用人均社保支出和社保支出占工资成本的比例两个指标可以有效衡量企业绝对社保支出和社保支出占企业工资成本的比例值指标。

表 5 - 2　　　　　　　社保投入各个维度的统计定义及测度方法

维度名称	统计含义	测度方法
人均社保支出	人均社保支出对数值	社会保险企业和个人缴费总额/企业人数
社保支出占工资成本的比例	企业社会保险负担	社会保险企业和个人缴费总额/工资成本

资料来源：根据 2018 年 CEGS 保险和福利量表的相关问卷信息进行整理。

（三）控制变量：企业相关特征

控制变量在回归中扮演着十分重要的角色，往往决定了结果的可信度。通过严谨地控制变量的选取，本书主要有以下控制变量：企业所有制类型、劳动合同期限、企业存续年限、市场份额、工会等（见表 5 - 3）。这是因为，结合数理关系与经济现实，社保投入、劳动生产率二者均有可能在不同所有制企业之间存在较大差异。并且，劳动权益保护的其他措施如成立企业工会、执行严格劳动合同也与企业社保行为存在同时性偏差，二者都将会对企业劳动生产率产生影响（姚洋、钟宁桦，2008）。此外，由于自选择效应的存在，对于存续年限越长的企业，其劳动生产率、社保投入也有可能更高。引入上述变量，其主要目的在于通过剔除选择性偏差，剥离社保投入对于企业劳动生产率的准确效应。

表 5 - 3　　　　　　　　　　控制变量的统计含义

维度名称	统计含义
企业所有制类型	企业的不同所有制类型
劳动合同期限	劳动合同的期限
企业存续年限	企业存续的年份
市场份额	产品占市场份额的比例
工会	是否成立工会

特别说明的是，对于所有制变量，在具体的回归操作中，本书将民营企业设置为对照组，比对其他类型的企业对于社会保险影响的差别。本书区分了港澳台资和外资类型，主要是因为 CEGS 的部分数据中将港澳台资企业和外资企业合为一项进行统计，而港澳台资企业与欧美等类型的外资企业又存在较大差别，因此本书将外资单独列为一项。

除上述因素外，为进一步剔除选择性偏差对模型参数估计值的影响，我们进一步将行业、地区和时间的固定效应进入计量模型。

二、模型构建

$$y_{ijdt} = \beta_0 + \beta_1 SSE_{ijdt} + Z'_{ijdt}\gamma + \gamma_j + \gamma_d + \gamma_t + \varepsilon_{ijdt} \qquad (5-1)$$

在式（5-1）中，下标 i、j、d 和 t 分别代表受访企业、所在行业、调查地区和年份。被解释变量 y_{ijdt} 代表劳动生产率，其采用人均销售收入（万元/人）作为代理变量。人均销售收入作为单位时间内创造的劳动成果，可以有效地衡量劳动生产率和企业经济效率。在计量方程中，核心解释变量是 SSE_{ijdt}，其表示在第 j 个行业、第 d 个地区的第 i 个企业在第 t 年的社保投入水平。为了稳健地测算社保投入对于企业劳动生产率的影响，我们分别使用人均社保支出对数值、社保支出占工资成本的比例这两个指标作为 SSE_{ijdt} 的代理变量。在计量模型中，核心待估参数是 β_1，其反映了社保投入对企业生产率的影响效应。

第二节　描述性统计

基于 CEGS 数据，我们就社保投入对企业劳动生产率的影响效应进行了初步的统计分析。表 5-4 给出了社保支出、劳动生产率的全样本及分省份描述性统计结果。第一，基于 CEGS 数据，我们发现：我国企业 2015～2017 年的人均社保支出为 8466 元/人，社保支出占工资成本的比例为 12.7%。根据我国的官方报告，自 2015 年以来，我国企业名义的社会保险缴费率（社保支出占工资成本的比例）已经超过 40%。本书的一个重要发现在于，尽管政策社会保险缴费率较高，但企业实际的社会保险缴费率仍与亚洲其他发展中经济体，如马来西亚（12%）、印度（16%）、印度尼西亚（12.5%）等基本一致。这表明，随着我国政府围绕降低企业社保成本所进行的一系列"减税降费"举措，企业实际社会保险缴费率偏高的局面已得到较大程度缓解，企业目前的社保负担整体处于合理区间范围内。

表5－4 社保投入与劳动生产率的分省份统计

（中国企业－劳动力匹配调查，2015～2017 年）

变量名称	全部样本 （N＝5116） Mean （S. d.）	广东 （N＝1248） Mean （S. d.）	湖北 （N＝1144） Mean （S. d.）	江苏 （N＝937） Mean （S. d.）	四川 （N＝968） Mean （S. d.）	吉林 （N＝819） Mean （S. d.）
1. 社保投入						
人均社保支出（元/人）	8466 （10713）	7573 （9431）	6217 （10011）	10750 （11132）	7515 （9404）	10924 （13017）
社保支出占工资成本的比例（0～1 ratio）	0.127 （0.148）	0.123 （0.138）	0.100 （0.134）	0.139 （0.139）	0.114 （0.131）	0.166 （0.188）
人均社保支出的年均增速（%）	－0.2 （15.0）	0.5 （16.1）	－0.4 （14.7）	0.2 （12.6）	－0.6 （16.3）	－1.2 （14.7）
2. 劳动生产率						
人均销售收入（万元/人）	72 （145）	64 （168）	73 （132）	82 （139）	63 （126）	83 （150）
人均销售收入增速（%）	－0.0 （3.5）	－0.0 （3.2）	－0.1 （3.5）	－0.0 （2.3）	0.1 （3.8）	－0.1 （4.4）

资料来源：根据 CEGS 相关指标进行计算。增长率按取对数值的一阶差分进行计算。

第二，分省份统计结果表明，与部分文献结论相似（刘欢，2018），地区经济发展水平与企业社保投入存在一定的正相关性，这体现在经济发达地区的企业平均社保支出高于发展中地区。例如，在经济较为发达的沿海省份——江苏和广东，企业的人均社保支出分别为 10750 元/人和 7573元/人，这较处于内陆地区的湖北、四川两省平均高出 36.9%。进一步表明，对于社保支出占工资成本的比例而言，江苏、广东两省分别为 13.9%

和 12.3%，这也较湖北、四川两省平均高出 2.4 个百分点。与之相似，分省份统计分析表明，企业社保投入在经济发达地区有较快增长。对于江苏、广东等经济发达省份而言，其人均社保支出年均增速分别为 0.2% 和 0.5%，在保持平稳的同时略有增长；而对于湖北、四川、吉林等三省而言，2015～2017 年人均社保支出的增速均为负值。

第三，图 5-1 的描述性统计结果表明，企业社保投入与企业劳动生产率之间存在较为明显的正向统计关系。我们按照人均社保支出是否高于中位值（4615 元/人）的标准，将全部企业划分为人均社保支出偏高、人均社保支出偏低两个分组。结果发现，与人均社保支出偏低的企业分组相比，人均社保支出偏高分组劳动生产率的分布曲线整体向右移动。这表明，与人均社保支出偏低的企业相比，社保支出更高的企业，其劳动生产率整体偏高。与之相似，将全部受访企业按社保支出占工资成本的比例是否高于中位值（10%）分为两组，我们发现：对于社保支出占比更高的企业而言，其劳动生产率的分布曲线也呈现出整体向右移动的规律（见图 5-2）。这表明，企业社保投入与企业劳动生产率之间的正向统计关系较为稳健。

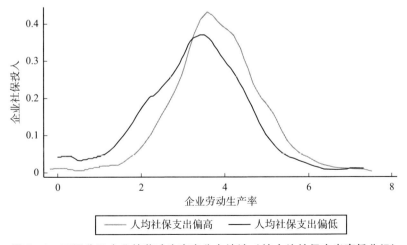

图 5-1　不同分组企业的劳动生产率分布统计（按人均社保支出高低分组）

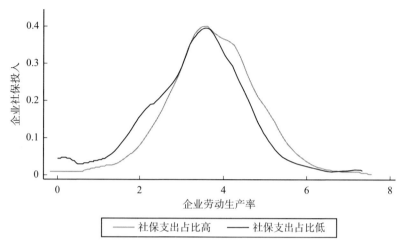

图 5-2　不同分组企业的劳动生产率分布统计（按社保支出占工资成本比例高低分组）

第四，表 5-5 报告了主要控制变量在不同省份的统计差异。我们发现，对于江苏、广东等相对发达省份而言，国有企业占比较低，并且企业的存续年限也普遍较长。这在一定程度上表明，与其他地区相比，经济发达地区民营经济竞争力更强、企业的生存机会更大。此外，表 5-5 的统计结果表明，劳动权益保护也存在较为显著的分省差异。例如，江苏省有工会的企业占比最高，其中60%的企业设立了工会组织；而广东省企业的平均劳动合同期限最长，平均为两年。主要控制变量分省份差异的存在，从一个侧面揭示了选择性偏误有可能会对计量模型核心参数估计值的干扰。如果上述变量与社保投入、劳动生产率存在统计关系，在未引入上述变量的前提下，社保投入对于企业劳动生产率的影响效应的参数估计将存在偏误。

表 5 - 5　　　　　　主要企业特征变量的分省份统计

（中国企业 - 劳动力匹配调查，2015 ~ 2017 年）

变量名称	全部样本 （N = 5116） Mean （S. d.）	广东 （N = 1248） Mean （S. d.）	湖北 （N = 1144） Mean （S. d.）	江苏 （N = 937） Mean （S. d.）	四川 （N = 968） Mean （S. d.）	吉林 （N = 819） Mean （S. d.）
1. 所有制						
国有企业（0 ~ 1 dummy）	0.09 （0.28）	0.03 （0.18）	0.10 （0.30）	0.06 （0.24）	0.08 （0.28）	0.19 （0.39）
民营企业（0 ~ 1 dummy）	0.76 （0.43）	0.62 （0.49）	0.85 （0.36）	0.74 （0.44）	0.88 （0.32）	0.74 （0.44）
港澳台企业（0 ~ 1 dummy）	0.09 （0.29）	0.26 （0.44）	0.04 （0.19）	0.08 （0.27）	0.02 （0.14）	0.02 （0.14）
外资企业（0 ~ 1 dummy）	0.06 （0.23）	0.08 （0.27）	0.01 （0.12）	0.12 （0.33）	0.01 （0.11）	0.06 （0.23）
2. 劳动权益保护						
成立工会（0 ~ 1 dummy）	0.57 （0.50）	0.49 （0.50）	0.57 （0.50）	0.60 （0.49）	0.59 （0.49）	0.60 （0.49）
劳动合同期限 （年）	1.8 （1.2）	2.0 （1.1）	1.6 （1.1）	1.8 （1.1）	1.7 （1.3）	1.9 （1.3）
3. 企业存续年限 （年）	13 （7）	13 （7）	11 （6）	14 （7）	11 （7）	13 （7）

资料来源：根据 CEGS 相关指标进行计算。

第五，表 5 - 6 的统计结果表明，所有制、劳动权益保护等变量与社保投入、劳动生产率二者之间存在明显的同时性偏差。一方面，表 5 - 6 的 Panel A 发现，与其他所有制企业相比，国有企业的人均社保支出及其占工资成本的比例最高，其次是外资企业，港澳台企业、民营企业则明显偏低。例如，在 2015 ~ 2017 年，国有企业的年人均社保支出为 15774 元/人，较外资企业高出 14.3%，较港澳台企业高出 77.6%，这一指标较民营企业高出 1.2 倍。与之相似，在 2015 ~ 2017 年，国有企业社保支出占工资成本的比例为 22.1%，其较外资企业（18.2%）、港澳台企业（14.7%）分别高出 3.9 个百分点和 7.4 个百分点，上述指标较民营企业（10.9%）更是高出 11.2 个百分点。进一步地，表 5-6 的 Panel A 发现，与其他所有制企业相比，国有企业的劳动生产率显著偏高。2015~2017 年，国有企业的人均销售收入平均为 1.14 万元/人，这较外资企业（0.89 万元/人）、港澳台企业（0.78 万元/人）分别高出 28.1% 和 46.2%，更是民营企业（0.65 万元/人）的 1.75 倍。综上，上述统计结果表明，所有制变量与社保投入、劳动生产率二者均存在较强的统计关系，在未引入所有制特征的前提下，我们对社保投入对于企业劳动生产率影响效应的估计有可能出现选择性偏误。另一方面，表 5-6 的 Panel B 统计表明，与劳动权益保护偏低的企业相比，对于更重视劳动权益保护的企业而言，其社保投入、劳动生产率均显著偏高。例如，对于设立工会组织的企业而言，其人均社保支出、社保支出占工资成本比例分别为 10343 元和 15.7%，分别较未设立工会企业高出 69.7% 和 6.6 个百分点。此外，对于设立工会组织的企业而言，其以人均销售收入为表征的劳动生产率为 0.8 万元，其较未设立工会企业（0.61 万元/人）偏高 31.1%。因此，上述统计结果表明，劳动权益保护与社保投入、劳动生产率二者也具有较强的统计关系，我们需要将劳动权益保护指标引入计量方程以剔除选择性偏误。

表 5-6　　　　　　社保投入与劳动生产率的分组统计
（根据所有制、劳动权益保护进行分类）

变量名称	Panel A. 按所有制分类（N=5116）			
	国有企业（N=449）	民营企业（N=3902）	港澳台企业（N=477）	外资企业（N=288）
	Mean（S. d.）	Mean（S. d.）	Mean（S. d.）	Mean（S. d.）
1. 社保投入				
人均社保支出（元/人）	15744（13111）	7079（9805）	8866（9360）	13779（13144）
社保支出占工资成本比例（0~1 ratio）	0.221（0.193）	0.109（0.136）	0.147（0.135）	0.182（0.145）

续表

变量名称	Panel A. 按所有制分类（N=5116）			
	国有企业 （N=449）	民营企业 （N=3902）	港澳台企业 （N=477）	外资企业 （N=288）
	Mean（S. d.）	Mean（S. d.）	Mean（S. d.）	Mean（S. d.）
2. 劳动生产率				
人均销售收入 （万元/人）	1.14 （2.06）	0.65 （1.28）	0.78 （1.92）	0.89 （1.46）
变量名称	Panel B. 按劳动权益保护分类（N=5116）			
	成立工会 （N=2892）	未成立工会 （N=2224）	劳动合同期限较长 （N=2276）	劳动合同期限较短 （N=2840）
	Mean（S. d.）	Mean（S. d.）	Mean（S. d.）	Mean（S. d.）
1. 社保投入				
人均社保支出 （元/人）	10343 （11037）	6094 （9737）	10867 （11323）	6701 （9847）
社保支出占工资成本 比例（0~1 ratio）	0.157 （0.152）	0.091 （0.133）	0.158 （0.148）	0.105 （0.144）
2. 劳动生产率				
人均销售收入 （万元）	0.80 （1.42）	0.61 （1.47）	0.88 （1.66）	0.60 （1.25）

资料来源：根据 CEGS 相关指标进行计算。

总体而言，基于 CEGS 数据，本书的描述性统计发现：社保投入与企业劳动生产率之间存在较为显著的正相关性。这意味着，与来自发达国家的经验证据不同（David et al., 2007；Krishnan and Puri, 2014；Dyreng and Maydew, 2018），对于中国这样的发展中经济体而言，社保投入对企业生产率的作用更有可能是激励效应，而并非单纯的成本效应。考虑到中国企业的实际社保投入仍处于较低水平，社保投入能够如奖金（Baker et al., 1994）、晋升（Devaro, 2006）和工资绩效分成方案（Prendergast, 1992；Holmstrom and Milgrom, 1991；Oye and Schaefer, 2011）等手段一样，在解决企业与员工之间的"风险－激励"平衡问题上起到重要作用，这将促进企业劳动生产率增长。此外，描述性统计表明，所有制、企业年龄、劳动权益等变量均与社保投入、劳动生产率二者存在较强的统计关系，如未引入上述因素进行计量分析，我们或由于无法剥离选择性偏误，而就社保投入对于企业劳动生产率的影响效应产生估计偏误。

第三节　实 证 分 析

一、基准计量结果

本章运用人均销售收入（万元/人）作为劳动生产率的代理变量，与人均社保支出和社会保险缴费率进行 OLS 回归。表 5 - 7 给出了基于式（5 - 1）（模型 1）的基准回归结果。与描述性统计一致，研究发现：社保投入对于企业劳动生产率的影响效应均在至少 5% 显著性水平上统计为正。表 5 - 7 模型 1 的弹性估计值表明，在不控制企业特征因素、各类固定效应的前提下，随着人均社保支出每增加 10%，劳动生产率平均提高 6.06%。进一步地，将企业存续年限、所有制、劳动权益保护等因素引入计量模型之后（模型 2），我们发现：人均社保支出对于企业劳动生产率的弹性系数从 0.606 下降至 0.414，降幅为 31.7%，但上述系数仍在 1% 水平上显著为正。此外，将城市、行业和年份固定效应引入计量模型后（模型 3），人均社保支出对劳动生产率的弹性系数进一步下降了 16.4%（从 0.414 降至 0.346），但仍在 1% 水平上显著为正。上述回归结果表明，尽管将剔除选择性偏误的变量全部引入计量模型，但这些因素并不能完全解释人均社保支出对于劳动生产率的影响效应。总体而言，计量模型的分析结果表明，在充分剔除选择性偏误之后（表 5 - 7 模型 3），随着人均社保支出增加 10%，企业劳动生产率平均将提高 3.46%。

表 5 – 7 社保投入对于企业劳动生产率的影响效应

（中国企业综合调查数据，2015 ~ 2017 年）

变量名称	劳动生产率（对数值）					
	模型 1	模型 2	模型 3	模型 4	模型 5	模型 6
人均社保支出（对数值）	0.606 *** (0.042)	0.414 *** (0.043)	0.346 *** (0.045)			
社会保险缴费率（0 ~ 1 ratio）				1.039 *** (0.136)	0.382 *** (0.125)	0.254 ** (0.118)
企业存续年限（对数值）		0.276 *** (0.036)	0.244 *** (0.038)		0.309 *** (0.037)	0.262 *** (0.039)
国有企业（0 ~ 1 dummy）		0.204 *** (0.077)	0.234 *** (0.074)		0.313 *** (0.078)	0.330 *** (0.074)
港澳台企业（0 ~ 1 dummy）		− 0.323 *** (0.067)	− 0.056 (0.068)		− 0.325 *** (0.068)	− 0.047 (0.067)
外资企业（0 ~ 1 dummy）		− 0.071 (0.078)	− 0.193 ** (0.076)		− 0.004 (0.078)	− 0.161 ** (0.075)
成立工会（0 ~ 1 dummy）		0.186 *** (0.041)	0.150 *** (0.040)		0.214 *** (0.042)	0.182 *** (0.040)
劳动合同期限（对数值）		0.193 *** (0.050)	0.225 *** (0.053)		0.235 *** (0.050)	0.256 *** (0.053)
县区固定效应			Yes			Yes
行业固定效应			Yes			Yes
年份固定效应			Yes			Yes
R – squared	0.055	0.101	0.269	0.017	0.081	0.263

注：括号内数值为稳健标准误（Robust Std. Error）；*** 、** 分别表示在至少 1% 、5% 水平上统计显著。

相似地，稳健性检验结果表明，以社保支出占工资成本的比例作为代理变量，社保投入对于企业劳动生产率的影响效应仍然显著为正。在未对企业特征进行任何控制的前提下（模型 4），社会保险缴费率（社保支出占工资成本的比例）每增加一个标准差，企业劳动生产率将平均提高

15.4%（1.039×0.148）。在将企业存续年限、所有制和劳动权益保护等变量引入计量方程之后（模型5），社会保险缴费率对于劳动生产率的参数估计值将下降63.2%（从1.039降至0.382），但仍然在1%水平上统计显著。此外，当全部控制变量、各类固定效应引入计量模型之后（模型6），社会保险缴费率对于劳动生产率的参数估计值进一步下降了33.5%（从0.382下降至0.254），统计显著性的临界值水平也有所下降。上述统计结果表明，在充分剔除选择性偏误的潜在影响后，社会保险缴费率对于企业劳动生产率存在稳健的正向效应。平均而言，随着社会保险缴费率每增加一个标准差，企业劳动生产率平均将提高3.8%（0.254×0.148）。

综上所述，基准回归结果表明，无论以人均社保支出还是社会保险缴费率作为代理变量，社保投入对于企业劳动生产率的影响效应均稳健地显著为正。

二、异质性分析

在本部分，我们将研究社保投入对企业劳动生产率的影响效应是否在不同维度的企业之间存在差异进行进一步剖析。根据现有研究，运用来自发达国家的微观数据显示，更高的社保投入将对上述经济体之中的技术密集型企业产生更大的抑制效应（Bartelsman et al.，2016；Brambilla and Tortarolo，2018），也就是说社会保险企业缴费对技术密集型企业产生了更强的冲击。因此，本部分试图研究：社保投入对我国企业劳动生产率的促进效应是否也存在较为明显的企业间差异，若是存在一定差异性，那么社会保险对生产率的激励效应也是在一定限度内因企业而异的，不可一概划分。

第一，表5-8模型1~模型4的回归结果表明，对于研发强度较高的企业而言①，社保投入对于劳动生产率的促进效应更为显著。例如，以人

---

①　根据企业研发强度是否高于中位值进行分组。与之相似，我们根据就业人数规模是否大于中位值，将全部企业划分为大企业、小企业两组。

均社保支出作为代理变量，社保支出对于研发强度偏高分组的劳动生产率的影响系数为 0.256，其较对照组（0.249）高 0.007。有趣的是，以社会保险缴费率作为代理变量，社会保险缴费率对于劳动生产率的参数估计值仅对技术密集型企业显著为正。对于非技术密集型企业，社保投入对于劳动生产率的参数估计值甚至为负值（-0.193）。因此，基于 CEGS 数据，我们发现：对于研发强度更高的企业而言，社保投入对企业劳动生产率的激励作用更为明显。

第二，表 5-8 模型 5~模型 8 的回归结果表明，对于具有更多有效专利数量的企业而言，社保投入对于劳动生产率的影响效应更为显著。例如，以人均社保支出作为解释变量，社保支出对于有效专利数量更多的企业的劳动生产率的影响系数为 0.338，其较对照组高 0.069。相似地，以社会保险缴费率作为解释变量，社保投入对企业劳动生产率的影响系数仅对有效专利数量更多的企业显著为正；对于对照组而言，上述影响系数并不满足统计显著性的推断要求。综上所述，基于表 5-8 的实证结果，我们发现：对于我国现阶段经济而言，社保投入对于劳动生产率的激励作用主要体现在技术密集型企业。

表 5-8   社保投入对于企业劳动生产率影响效应的异质性分析

（中国企业综合调查，2015~2017 年）

变量名称	劳动生产率（对数值）				劳动生产率（对数值）			
	高研发强度	低研发强度	高研发强度	低研发强度	高有效专利数量	低有效专利数量	高有效专利数量	低有效专利数量
	模型1	模型2	模型3	模型4	模型5	模型6	模型7	模型8
人均社保支出（对数值）	0.256***(0.091)	0.249***(0.059)			0.338***(0.077)	0.269***(0.054)		
社会保险缴费率（0~1 ratio）			0.148*(0.088)	-0.193(0.160)			0.293*(0.170)	0.179(0.151)
企业存续年限（对数值）	0.306***(0.076)	0.144***(0.047)	0.325***(0.077)	0.168***(0.047)	0.314***(0.055)	0.067(0.051)	0.321***(0.055)	0.096*(0.051)

续表

变量名称	劳动生产率（对数值）				劳动生产率（对数值）			
	高研发强度	低研发强度	高研发强度	低研发强度	高有效专利数量	低有效专利数量	高有效专利数量	低有效专利数量
	模型1	模型2	模型3	模型4	模型5	模型6	模型7	模型8
国有企业（0~1 dummy）	-0.091 (0.164)	0.317*** (0.101)	-0.086 (0.164)	0.428*** (0.100)	0.371* (0.214)	0.117 (0.077)	0.483** (0.208)	0.147* (0.080)
港澳台企业（0~1 dummy）	-0.177 (0.132)	0.007 (0.091)	-0.171 (0.135)	0.0373 (0.0891)	0.259 (0.189)	-0.172** (0.070)	0.256 (0.177)	-0.149** (0.071)
外资企业（0~1 dummy）	-0.426*** (0.149)	-0.170 (0.125)	-0.414*** (0.150)	-0.107 (0.123)	-0.176 (0.224)	-0.251*** (0.085)	-0.129 (0.218)	-0.213** (0.086)
成立工会（0~1 dummy）	0.250*** (0.083)	0.073 (0.054)	0.248*** (0.084)	0.113** (0.054)	0.289*** (0.066)	0.014 (0.059)	0.332*** (0.065)	0.013 (0.060)
劳动合同期限（对数值）	0.412*** (0.113)	0.345*** (0.067)	0.457*** (0.121)	0.357*** (0.0667)	0.068 (0.085)	0.323*** (0.076)	0.122 (0.084)	0.323*** (0.076)
县区固定效应	Yes	Yes	Yes	Yes	Yes	Yes	Yes	Yes
行业固定效应	Yes	Yes	Yes	Yes	Yes	Yes	Yes	Yes
年份固定效应	Yes	Yes	Yes	Yes	Yes	Yes	Yes	Yes
样本数量	1307	3859	1307	3859	2548	2568	2548	2568
R-squared	0.456	0.276	0.447	0.279	0.286	0.364	0.285	0.362

注：括号内数值为稳健标准误（Robust Std. Error）；***、**、*分别表示在至少1%、5%和10%水平上统计显著。

因此，通过异质性分析得出，对于研发强度较高的企业而言，社保投入对于劳动生产率的促进效应更为显著。并且，对于具有更多有效专利数量的企业而言，社保投入对于劳动生产率的影响效应更为显著，表明我国高技能人群对于社会保险等福利保障的敏感性更高，此类型企业也更看重劳动者社会保险等生活基本保障。也就是说，社会保险对于劳动生产率的积极作用也是存在企业间差异的，对于某些高新技术产业，社会保险对于劳动生产率的提升作用更为显著，对于部分劳动密集型传统行业，社会保险的成本作用较大。因此，在宏观调控社会保险缴费率时应该统筹考虑不同企业的差异性，对缴费能力不一的企业实行差异性灵活缴费率。

第四节　本 章 小 结

为了更清晰地了解企业社保投入对于企业经济效率的影响，本章通过实证检验企业社保投入与企业经济效率之间的关系。

首先，本章基于 CEGS 数据，进行描述性统计发现，社保投入与企业劳动生产率之间存在较为显著的正相关性，社保投入对企业生产率的作用更有可能是激励效应，而并非单纯的成本效应。

其次，本章通过对人均社保投入、社会保险缴费率与劳动生产率之间进行回归，结果表明，无论以人均社保支出还是社会保险缴费率作为代理变量，社保投入对于企业劳动生产率的影响效应均稳健地显著为正，人均社保投入和社会保险缴费率越高，劳动生产率就越高。本章选择劳动生产率作为经济效率的衡量标准，选择人均销售收入（万元/人）作为劳动生产率的代理变量，与人均社保支出和社会保险缴费率进行 OLS 回归。回归结果表明，在充分剔除选择性偏误之后，随着人均社保支出增加10%，企业劳动生产率平均将提高 3.46%，社保投入对于企业生产率的影响效应均在至少 5% 显著性水平上统计为正。同时稳健性检验结果表明，以社保支出占工资成本的比例（社会保险缴费率）作为代理变量，社保投入对于企业生产率的影响效应仍然显著为正，平均而言，随着社会保险缴费率每增加一个标准差，企业劳动生产率将平均提高 3.8%。

最后，本章对社保投入对企业劳动生产率的影响效应是否在不同维度的企业之间存在差异进行了进一步剖析，通过异质性分析发现，对于研发强度较高的企业和拥有更多有效专利数量的企业而言，社保投入对于劳动生产率的促进效应更为显著。社会保险对于劳动生产率的积极作用在不同维度的企业之间是存在差异的。

　　综上所述，本章通过实证检验发现，企业社保投入对企业劳动生产率的影响效应显著为正，且对不同维度企业的劳动生产率影响效应存在异质性，对于研发强度较高和有效专利数量更多的企业而言，社保投入对于劳动生产率的影响效应更为显著。

第六章

企业社保投入对创新绩效的影响

上一章通过社保投入与劳动生产率之间的回归初步确立了社保投入与企业经济效率的正向关系，本章试图通过社保投入与创新绩效之间的回归进一步确立社保投入对企业经济效率的影响。创新绩效是维持企业可持续发展的动力之一，因此本章将创新绩效作为企业经济绩效的衡量指标，与劳动生产率互为补充。在篇幅安排上，本章首先对变量的选取和模型的构建进行了说明，其次构建了基本回归模型，最后利用异质性检验对结果进一步分析。

第一节　变量选取和模型构建

一、变量选取

为保证结果的准确性，首先对回归模型所用到的主要变量进行了仔细甄别。

（一）被解释变量：创新绩效

本章选择"有效专利数量"变量作为企业创新行为的代理指标。目前，文献中衡量创新的指标有：研发投入（R&D）、研发申请和有效专利数量（Adam，1989）、新产品种类和数量等（Zoltan and David，1988）。总的来说，学界对于企业创新的刻画主要围绕创新投入、创新产出两端。考虑到研发投入（R&D）等指标仅能衡量企业的创新投入，而无法就创新投入的使用效率、产出状况进行准确评价，以及新产品指标由于定义所造成的测度误差问题。本章采用有效专利数量作为企业创新的代理变量，具体而言，本章选取"中国企业综合调查"（CEGS）问卷中"2017 年底有效的专利个数"作为创新指标的代理变量。相较于研发投入，专利指标能够更为直观地衡量企业的真实创新绩效水平。

（二）解释变量：人均社保支出

本章选择"人均社保支出"作为衡量企业社保投入的代理变量，与上一章节相同，这可以在同一维度与前文结论进行比对。与现有文献多采用官方规定的政策社会保险缴费率作为社保投入代理变量不同，"人均社保支出"变量能够考虑到不同企业在社保缴费工资基数上的差异，从而利用企业的真实社保投入进行回归分析，这就避免了由于核心指标测度误差而对本书参数估计的潜在影响。本书采用 2017 年底企业所支付的"五险一金"（养老保险、医疗保险、失业保险、工伤保险、生育保险和住房公积金）的总和除以当年的员工总数作为人均社保支出的具体测算方法，从而为测度企业社保投入水平提供了更为直观、有效的代理指标。此外，为保证主要实证结果的稳健性，我们采用社保覆盖率作为备选指标，也就是以企业员工参保率作为社保投入的度量方式。

（三）控制变量

本章选择企业所有制性质变量为控制变量。同样地，本部分将民营企业设置为对照组。并且，区分了港澳台资企业和外资企业，主要是因为 CEGS 的部分数据中将港澳台资企业和外资企业合为一项进行统计，而港澳台资企业与欧美等类型的外资企业又存在较大差别，因此将外资单独列为一项。除上述因素外，为进一步剔除选择性偏差对模型参数估计值的影响，我们进一步将行业、地区和时间的固定效应计入计量模型。

表 6 – 1 给出了本书主要变量的统计含义及度量方法。

表 6 – 1　　　　　　　　　　变量的统计含义及度量

变量名称	统计含义	使用问项
有效专利数量	2017 年底有效的专利总数	2017 年底有效专利个数
人均社保支出	2017 年企业缴纳保费的总额/2017 年企业劳动力人数	本企业适用的城镇职工五项社会保险总缴费额是多少；2017 年底企业员工总数
社保覆盖率	2017 年企业参加社保的人员占比	本企业有多少比例的人员参加社保（0～100%）
人均工资成本	2017 年企业的工资支出总额/2017 年企业劳动力人数	本企业的工资支出总额；2017 年底企业员工总数
全部人员招聘难度	企业全部员工的总体招聘难度	2017 年企业招聘员工难易程度情况：全体员工（1～10 由弱到强）
研发人员招聘难度	企业研发设计员工的招聘难度	2017 年企业招聘员工难易程度情况：技术员工和设计员工（1～10 由弱到强）
研发设计人员占比	2017 年企业研发设计人员占企业总人数的比例	2017 年底企业总人数；2017 年底技术员工和设计员工人数；
本科以上教育的员工占比	2017 年本科教育以上的员工占比	本科以上教育的员工数量；2017 年底企业员工总数

资料来源：根据 2018 年"中国企业综合调查"问卷整理。

二、模型构建

在对企业社保投入、创新产出进行准确测度的基础上，本部分研究如何通过准确的识别策略就社保投入对企业创新的影响效应进行稳健的参数估计。参照现有文献的模型设定思路，本书的基准回归方程设定如下：

$$\ln y_i = \beta_0 + \beta_1 \ln insurance_i + Z_i' + \gamma_d + \gamma_s + \varepsilon_i \qquad (6-1)$$

在式（6 – 1）中，$\ln y_i$ 表示第 i 个企业截止到 2017 年底的有效专利数量的对数值。$\ln insurance_i$ 则表示人均社保支出的对数值，核心参数 β_1 表示社保投入对企业创新的弹性系数，即本书的主要待估参数。考虑到劳动权益保护政策在不同企业之间的执行差异，以及避免遗漏变量对核心参数（β_1）估计值的有偏误，我们引入企业存续年限、所有制作为控制变量（Z_i^l），以剔除遗漏变量偏误所造成的影响。进一步地，考虑到社保投入对企业创新的影响效应在不同地区、不同行业可能存在差异，我们将城市固定效应（γ_d）、行业固定效应（γ_s）引入基准回归方程，以充分控制不随时间变化的地区、行业因素对模型参数估计值的可能影响。如果在上述变量充分控制的前提下，社保投入对企业创新的影响效应在至少10%的显著性水平上统计为正，我们则可认为：对于当前我国企业而言，社保投入对企业创新主要存在正向的促进效应。与之相反，如果在上述变量充分控制的前提下，社保投入对企业创新的影响效应显著为负，我们则可推断：对于现阶段的中国经济而言，社保投入对创新存在抑制效应。

第二节　描述性统计

图6-1描述了不同社保投入的分组企业在创新绩效上的差异。一方面，"中国企业综合调查"（CEGS）表明，我国受访企业的人均社保支出平均值为8466元、中位值为4615元。考虑到企业对于参保员工范围、缴纳社保工资基数的内生性决策，我国的社保投入仍处于发展中国家水平，实际投入并未达到高水平。因此，社保投入对企业创新的影响效应，或不同于发达国家在较高福利存量水平下社保投入提升对企业行为的扭曲影响。

另一方面，图6-1的分组统计表明，人均社保投入与企业创新之间存在较强的正向关系。将全部受访企业按人均社保支出是否大于或等于中位值（4615元）划分为两组，我们发现：对于人均社保支出偏高的一组而言，其有效专利数量平均为24个，上述指标较人均社保支出偏低的企业分组（13个）高出85%。与之相似，将全部受访企业按社保覆盖率是否大于或等于中位值（10%）划分为两组，我们发现：对于社保覆盖率偏高的企业而言，其有效专利数量平均为 27 个，其较对照组企业（10 个）高出 1.7 倍。这表明，对于现阶段中国企业而言，社保投入与企业创新之间存在较强的正向关系；平均而言，社保投入对于企业创新具有促进效应。以上统计结果进一步支持了在社保福利水平偏低的前提下，提升社保投入更有可能发挥激励效应而非挤出效应。

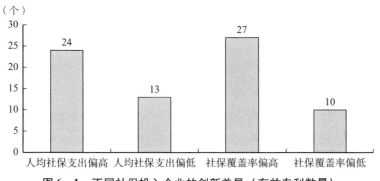

图 6 - 1　不同社保投入企业的创新差异（有效专利数量）

进一步地，图 6 - 2 和图 6 - 3 给出了不同存续年限、不同所有制企业在社保投入上的差异。一方面，将全部受访企业按存续年限是否大于或等于中位值（12 年）划分为两组，我们发现：对于企业存续年限偏长的一组而言，其人均社保支出、社会保险缴费率分别平均为 9904 元和 15%，上述指标显著高于对照组企业（6758 元，10%）。另一方面，统计表明：不同所有制的社保投入也存在较大差异，以人均社保支出、社会保险缴费率作为代理变量，国有企业的人均社保支出、社会保险缴费率分别为 15744 元和 22%，显著高于外资企业（13779 元，18%）、港澳台资企业（8866 元，15%）和民营企业（7079 元，11%）。这表明，企业存续年限、所有制与社保投入存在较强的相关性。如果不引入上述控制变量，简单的分组统计或将由于遗漏变量问题而就社保投入对于企业创新的影响效应产生估计偏误。

最后，表 6 - 2 给出了本章所用全部变量的主要统计结果。

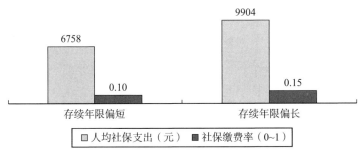

图 6 – 2 不同存续年限企业的社保投入差异

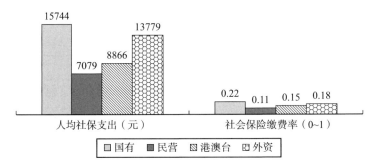

图 6 – 3 不同所有制企业的社保投入差异

表 6 – 2   主要变量的统计结果

变量名称	平均值	标准差	最小值	最大值
人均社保支出（元）	8466	10713	0	40897
社保覆盖率（0～1 ratio）	0.13	0.15	0	0.99
有效专利数量（个）	22.0	120.9	0	1715.0
企业存续年限（年）	12.6	7.1	1	59.0
国有企业（dummy）	0.09	0.28	0	1
民营企业（dummy）	0.76	0.43	0	1
港澳台企业（dummy）	0.09	0.29	0	1
外资企业（dummy）	0.06	0.23	0	1

资料来源：根据 2018 年"中国企业综合调查"（CEGS）统计整理。

第三节 实 证 分 析

一、基准计量结果

表6-3给出了社保投入对于企业创新影响的基准回归结果。我们发现，与描述性统计结果一致，社保投入对于企业创新具有显著的正向促进效应。以人均社保支出的对数值作为代理变量，模型1的实证结果表明，在其他控制变量未引入的前提下，简单OLS回归的参数估计值为0.694，其在至少1%显著性水平上统计为正。这表明，在不考虑其他因素的潜在影响的前提下，人均社保支出每提高10%，企业有效专利数量将增加6.94%。进一步地，加入企业存续年限、所有制、行业和地区固定效应的前提下，人均社保支出对于企业创新的参数估计值从模型1的0.694下降到模型2的0.357，这表明有近50%的参数估计值可以被企业之间的差异进行解释。但是，模型2的参数估计值仍在1%显著性水平上统计为正，这表明：即使充分考虑到企业之间的差异，人均社保支出每增加10%，企业的有效专利数量仍将提高3.57%。相似地，采用社保覆盖率（0~1 ratio）作为代理变量，表6-3的回归结果表明：社保投入对企业创新具有稳健的正向效应。具体而言，模型3表明，在其他因素未控制的前提下，社保覆盖率对于企业创新的影响系数为2.042，这说明企业社保覆盖率每提高一个标准差（从当前平均水平13%提高到28%），企业有效专利数量将提高31%。进一步地，模型4的实证结果表明，在企业间差异充分剔除的前提下，有47%的参数估计值可以被不随时间变化的企业差异有效解释。但是，社保覆盖率对于企业创新的半弹性系数仍然在1%水平上统计为正。这表明，即使考虑到企业之间的差异，社保覆盖率每提高1个标准差，企业有效专利数量仍平均提高16.4%。

表 6 - 3   社保投入对于企业创新的影响效应

变量名称	被解释变量（有效专利数量对数值）			
	模型 1	模型 2	模型 3	模型 4
人均社保支出（对数值）	0.694 *** (0.051)	0.357 *** (0.053)		
社保覆盖率（0 ~ 1 ratio）			2.042 *** (0.191)	1.090 *** (0.157)
企业存续年限（对数值）		0.403 *** (0.035)		0.404 *** (0.033)
国有企业（0 ~ 1 dummy）		0.469 *** (0.095)		0.458 *** (0.094)
港澳台企业（0 ~ 1 dummy）		− 0.133 (0.096)		− 0.114 (0.097)
外资企业（0 ~ 1 dummy）		− 0.444 *** (0.109)		− 0.414 *** (0.106)
行业固定效应		Yes		Yes
城市固定效应		Yes		Yes
样本数量	1549	1549	1549	1549
R – squared	0.045	0.273	0.037	0.272

注：括号内数值为稳健标准误（Robust Std. Error）；*** 表示在至少 1% 水平上统计显著。

综上所述，基准回归的实证结果表明：社保投入对于企业创新具有稳健的正向促进效应。这说明在我国当前的社保投入水平下，企业提升社保投入的激励效应将大于成本效应，社保投入或将通过对更高质量人力资本的激励作用而对企业创新产生影响。这意味着，考虑到我国从"中国制造"向"中国创造"的经济转型（Wei and Zhuan，2016），社保投入对于企业创新绩效的促进效应将在未来进一步充分释放。

二、异质性分析

运用"中国企业综合调查"（CEGS）数据，基准回归、影响机制分析的实证结果表明：就现阶段而言，社保投入对于我国企业创新而言总体具有较强的促进效应。但是，社保投入对企业创新能力的影响效应是否在企业之间存在较大差异？部分文献所担心的社保投入对于企业创新的挤出效应是否对于部分企业而言仍然存在？对上述问题的进一步讨论，有利于本书更好地理解社保投入对于企业创新的影响效应，从而为当前我国降低企业社保负担的相关政策措施提供参考。

为此，我们将全部受访企业按用工人数是否大于或等于中位值（102人）分为大型企业、中小企业两组，对上述两组企业分别估计计量方程式（6－1），以考察社保投入对企业创新的影响效应是否在企业间存在明显差异。表6－4报告了分组检验的回归结果。我们发现：对于不同规模企业而言，社保投入对企业创新的影响效应存在较大差异。无论以人均社保支出还是社保覆盖率作为代理变量，对于大企业分组而言，社保投入对于企业创新的影响效应均显著为正，并且上述估计值（0.516，1.962）均较基准回归的参数估计结果（0.357，1.090）明显偏高。这表明，对大企业分组而言，社保投入对于企业创新具有更强的促进效应。与之相对，对于中小企业分组而言，社保投入对于企业创新的影响系数均为负值，并且在至少10%水平上不满足统计显著性的推断要求。这表明，对于中小企业而言，社保投入对于企业创新具有更强的抑制效应，增加社保投入对中小企业而言具有更大的成本压力。这意味着，尽管社保投入对企业创新平均而言具有促进效应，但我们并不能忽视社保负担增加对中小企业创新资源的挤出效应。因此，当前我国降低企业社保费率的政策应在相当程度上向广大中小企业倾斜。

表6-4　　　　　　不同规模企业社保投入对于企业创新的影响效应

变量名称	被解释变量（有效专利数量对数值）			
	大企业分组		中小企业分组	
	模型1	模型2	模型3	模型4
人均社保支出（对数值）	0.516 *** (0.056)		-0.032 (0.081)	
社保覆盖率（0~1 ratio）		1.962 *** (0.167)		-0.058 (0.232)
企业存续年限（对数值）	0.049 (0.031)	0.073 ** (0.030)	0.404 *** (0.069)	0.401 *** (0.069)
国有企业（0~1 dummy）	-0.001 (0.097)	0.028 (0.096)	0.126 (0.130)	0.083 (0.128)
港澳台企业（0~1 dummy）	-0.112 (0.138)	-0.093 (0.144)	-0.596 *** (0.125)	-0.576 *** (0.125)
外资企业（0~1 dummy）	-0.280 ** (0.134)	-0.120 (0.142)	-0.998 *** (0.140)	-0.977 *** (0.140)
行业固定效应	Yes	Yes	Yes	Yes
城市固定效应	Yes	Yes	Yes	Yes
样本数量	775	775	774	774
R - squared	0.382	0.394	0.244	0.234

　　注：括号内数值为稳健标准误（Robust Std. Error）；*** 、** 分别表示在至少1%、5%水平上统计显著。

　　综上所述，更高的社保投入可以较为显著地提高企业的创新绩效。然而，社保投入对于企业创新绩效的影响也是存在异质性的，对于不同规模的企业呈现出不同的影响效果。对于大企业而言，社会保险对于创新绩效的促进作用更为明显。而对于中小企业，由于自身产品依赖创新本不显著，因此社保投入对于创新绩效的影响并不明显。本部分研究结果可以进一步印证社保投入对于企业经济效率的正向影响。

第四节　本 章 小 结

为了更为全面观测社会保险对企业经济效率的影响，本章选取企业创新绩效，将其与社保投入之间的关系进行了实证分析。上一章和本章分别使用了两个不同维度的企业经济绩效指标：劳动生产率与创新绩效，利用两个维度的指标进行计量回归分析发现，企业社保投入对企业经济效率有促进作用。

本章研究分析结果显示，企业社保投入对企业创新绩效有促进作用，企业人均社保支出每增加 10%，企业有效专利数量将提高 3.6%。因此，企业社保投入对企业创新绩效有正向激励作用。但是，本章同时提到，社保投入对于企业创新绩效的促进效果是存在异质性的，具体来说，对于规模较大的企业，社会保险对于其创新绩效的影响更为显著，而对于中小型企业，其影响效应不明显。大型企业受益于社保投入的正向影响更为显著，而中小型企业还是更加敏感于社保投入的成本冲击。因此，在政策制定上，应该更加关注对于不同类型企业之间的政策倾斜的平衡性。

本章结果显示，我国企业社会保险的投入有效地改善了部分企业的创新绩效，推动企业经济效率的提升，社保投入或成为激励企业创新的方式之一。事实上，在"人口红利"逐渐下降，知识产出越来越受到重视的今天，创新绩效是企业在竞争中获得更长久发展的驱动力之一。因此，企业纷纷谋求创新转型，在这种情况下，充分发挥社保投入对于部分人群的创新激励作用是十分必要的。

第七章

企业社保投入影响
企业经济效率的中介机制

前两章运用 CEGS 数据论证了企业社保投入对于企业经济效率的促进作用。那么，社保投入影响企业经济效率的中介渠道是什么？社保投入通过什么来影响企业经济效率？本章进一步对于社保投入影响劳动生产率和创新绩效的中介机制进行了更为详尽的实证剖析。

第一节　影响企业劳动生产率的机制

一、影响企业劳动生产率的机制分析

社保投入之所以能够促进企业劳动生产率的增长，其中第一个可能的解释是：更好的社保投入有可能会使企业在劳动力市场上更具竞争性，从而吸引到更高质量的人力资本。前文已经说明，不同于发达国家广覆盖、高标准的社保体制，我国的社保投入水平仍然相对偏低。例如，根据世界银行《世界发展报告 2019》中的统计数据，对于绝大多数发展中国家和新兴经济体而言，社保覆盖率普遍在 10% 左右徘徊，上述指标不到发达国家平均水平的 1/4。因此，对于发展中国家而言，较高的社保投入并不能视作挤压企业其他生产要素投入的"雇佣税"（Dyreng and Maydew，

2018；David et al.，2007；Krishnan and Puri，2014）。此外，研究还发现，随着人口转型和劳动力市场竞争程度的增加，我国企业的工资、奖金均在快速增长（Courtney and Kevin，2017；李晶莹，2010）；但是，社保投入仍维持在较低水平，并在企业之间存在较大差异。考虑到上述特征，对于现阶段我国经济而言，社保投入并不会对企业的其他生产要素投入产生挤出效应。与之相反，在其他因素相同的前提下，更高的社保投入往往会使得作为劳动需求方的企业在劳动力市场更具竞争力，其能吸引到更多受到良好教育的员工，从而提高企业的劳动生产率。

　　第二个可能的解释是：在社保投入处于合理区间的范围内，更高的社保投入有助于释放员工有效劳动供给（Baker et al.，1994；Oyer and Schaefer，2011）。一方面，与当期收入（工资、奖金）相比，更高的社保投入可以提高员工对福利的长期期望，从而使其工作更为努力（Courtney and Kevin，2017）。另一方面，考虑到前文数据已经发现企业实际社保投入仍处于偏低水平①，因此与增加当期收入相比，社保投入增加对提高员工全生命周期劳动福利的边际效应更大（Akbas et al.，2016）。因此，在人力资本、其他认知能力相同的情况下，更高的社保投入可以促使员工更加努力、创新精神更强。

　　第三个可能的解释是：管理效率有可能是社保投入对劳动生产率具有促进效应的第三个重要渠道。部分研究发现，由于社保投入水平偏低，许多发展中国家的员工更有可能在非正规部门就业，而上述部门的管理效率更差、劳动生产率更低（世界银行，2018；Akbas et al.，2016）。与之相反，随着社保投入的增加，员工的劳动福利有效提高，这将改善劳资关系，从而促进劳动力向正规部门流动，并使企业提高管理效率的监督成本更低（刘苓玲，2015）。由于管理对企业生产率具有正向的因果效应（Bloom and Van Reenen，2007；Bloom et al.，2013），管理可能是社保投入提高企业劳动生产率的潜在渠道。

---

　　①　前文第四章数据表明，我国企业实际平均缴费率在19%左右。

二、人力资本、创新精神和管理效率

（一）描述性统计

基于以上理论猜测，本部分引入高中、大专以上学历员工占比、开放性人格以及管理得分三个指标进行测算（见表7–1）。

表7–1　人力资本、创新精神与管理效率的统计分析（按社保投入进行分组）

变量名称	全部样本	高人均社保支出	低人均社保支出	高社会保险缴费率	低社会保险缴费率
	Mean（S. d.）	Mean（S. d.）	Mean（S. d.）	Mean（S. d.）	Mean（S. d.）
1. 人力资本					
高中学历的员工占比（0~1 ratio）	0.32（0.23）	0.34（0.22）	0.30（0.24）	0.34（0.22）	0.29（0.23）
大专以上学历的员工占比（0~1 ratio）	0.21（0.20）	0.25（0.21）	0.17（0.18）	0.26（0.22）	0.16（0.17）
2. 创新精神					
员工的平均开放性人格特征	3.14（0.24）	3.16（0.22）	3.09（0.24）	3.17（0.22）	3.09（0.24）
3. 管理效率					
管理得分（0~1 ratio）	0.59（0.14）	0.62（0.13）	0.56（0.15）	0.62（0.12）	0.56（0.15）

资料来源：根据 CEGS 相关指标进行计算。

首先，表7–1的描述性统计结果表明，与社保投入偏低的企业相比，对于社保投入较高的企业而言，员工的人力资本水平普遍较高。一方面，将人均社保支出是否高于中位值将企业分为两组，我们发现：对于人均社保支出较高的企业分组而言，拥有高中学历、专科以上学历的员工占比分别为34%和25%，上述指标较对照组企业分别高出4个百分点和8个百分点。同样地，根据社保投入占工资成本的比例是否高于中位值进行分组，我们发现：对于社会保险缴费率较高的企业而言，拥有高中学历、专科以上学历的员工占比分别为34%和26%，上述指标较对照组企业高出5个百分点和10个百分点。考虑到人力资本与社保支出之间所具有正向统计关系，人力资本有可能部分解释社保投入对于企业劳动生产率的影响效应。

其次，表7-1的描述性统计结果还表明，对于社保投入较高的企业而言，员工的创新精神普遍较高。例如，对于人均社保支出偏高的企业分组而言，员工开放性人格特征的平均值为3.16，其较对照组（3.09）高出2.3%。相似地，对于社会保险缴费率偏高的企业分组而言，其员工的开放性人格特征平均为3.17，较对照组企业（3.09）高出2.6%。这意味着，对于当前我国经济而言，更高的社保投入确实可以激励员工更加努力，并进而增进他们的创新精神。

最后，遵循布鲁姆和范雷宁（Bloom and Van Reenen）开创的世界管理调查（WMS Survey）方法，我们采用16个受访者自我报告的指标计算企业的管理得分。上述指标涵盖目标规划、绩效激励、考核监督和管理实施四大维度。管理得分由0~1的数值进行表示，其中分数越高代表企业的管理效率越好。表7-1的描述性统计结果表明，对于人均社保支出较高的企业而言，管理效率普遍较高。具体而言，对于人均社保支出较高的企业分组而言，管理得分平均为0.62，这较对照组企业高出10.7%。与之相似，当采用社会保险缴费率是否高于中位值作为分组依据时，不同企业分组之间的管理效率差距也是相同的。

（二）计量结果

第一，为检验人力资本是否是社保投入对于企业劳动生产率产生促进效应的一个影响渠道，我们在回归模型中引入高中学历员工占比、大专以上学历员工占比等两个变量。表7-2模型1和模型5的回归结果表明，当上述两个变量引入计量方程后，人力资本变量的影响系数均在至少10%的显著性水平上统计为正。结果表明，人力资本是社保投入对于企业经济效率产生正向影响的一个重要中介渠道。

第二，为检验创新精神是否是社保投入对于企业劳动生产率产生促进效应的一个影响渠道，我们将员工开放性人格特征的平均值引入计量模型。表7-2模型2和模型6的回归结果表明，当我们将创新精神变量引入计量模型时，社保投入对劳动生产率的影响系数有所下降。上述结果表明，创新精神是社保投入对于企业劳动生产率产生促进作用的又一影响渠道，更高的社保投入促进了员工的创新精神，但该渠道的解释力度要弱于人力资本。

第三，为检验管理效率是否是社保投入对于企业劳动生产率产生促进效应的一个可能渠道，我们将企业管理得分引入计量模型。表7-2的模型3和模型7结果表明，管理效率对于企业劳动生产率的影响系数在1%水平上显著为正，这表明管理是提高企业劳动生产率的一个重要因素。因此，与人力资本、创新精神等因素类似，管理效率也是社保投入对企业劳动生产率产生影响的一个重要渠道。

第四，我们将所有三个因素（人力资本、创新精神和管理效率）引入计量模型，表7-2的模型4和模型8报告了实证结果。我们发现，与基准回归结果（见表5-7）相比，人均社保支出对劳动生产率的参数估计值由0.346下降到0.287，下降了17.1%，而社会保险缴费率对劳动生产率的参数估计值由0.254下降到0.132，下降了48.0%。这意味着，虽然上述因素可以有效地部分解释社保投入对于企业劳动生产率的影响，但仍有部分差距未能解释。并且，表7-2模型4和模型8的估计结果与模型3和模型7估计结果更为接近，这表明：在上述三个因素中，管理效率是解释社保投入对于劳动生产率影响效应的最重要因素。

表 7 - 2　　　　社保投入对于企业劳动生产率的影响机制分析

变量名称	劳动生产率（对数值）							
	模型 1	模型 2	模型 3	模型 4	模型 5	模型 6	模型 7	模型 8
人均社保支出（对数值）	0.317*** (0.045)	0.332*** (0.045)	0.316*** (0.045)	0.287*** (0.046)				
社会保险缴费率（0~1 ratio）					0.208* (0.116)	0.223* (0.118)	0.182 (0.118)	0.132 (0.116)
企业存续年限（对数值）	0.247*** (0.038)	0.246*** (0.038)	0.250*** (0.038)	0.254*** (0.038)	0.265*** (0.039)	0.265*** (0.039)	0.269*** (0.038)	0.273*** (0.038)
国有企业（0~1 dummy）	0.174** (0.073)	0.223*** (0.074)	0.232*** (0.074)	0.172** (0.073)	0.257*** (0.072)	0.312*** (0.074)	0.320*** (0.073)	0.246*** (0.073)
港澳台企业（0~1 dummy）	-0.032 (0.067)	-0.054 (0.068)	-0.059 (0.067)	-0.036 (0.067)	-0.025 (0.067)	-0.046 (0.067)	-0.051 (0.066)	-0.030 (0.066)
外资企业（0~1 dummy）	-0.197*** (0.075)	-0.199*** (0.077)	-0.208*** (0.077)	-0.211*** (0.075)	-0.169** (0.074)	-0.169** (0.076)	-0.179** (0.076)	-0.187** (0.074)
成立工会（0~1 dummy）	0.129*** (0.040)	0.141*** (0.040)	0.110*** (0.040)	0.093 (0.040)	0.158*** (0.040)	0.170*** (0.040)	0.138*** (0.041)	0.116*** (0.041)
劳动合同期限（对数值）	0.171*** (0.052)	0.216*** (0.053)	0.184*** (0.053)	0.137 (0.053)	0.198*** (0.053)	0.244*** (0.053)	0.208*** (0.053)	0.157*** (0.053)
高中学历员工占比（%）	0.148* (0.085)			0.113 (0.085)	0.163* (0.086)			0.123 (0.085)
大专以上学历员工占比（%）	0.798*** (0.130)			0.722*** (0.131)	0.847*** (0.132)			0.761*** (0.134)
平均开放性人格特征		0.247*** (0.092)		0.143 (0.092)		0.307*** (0.094)		0.195** (0.093)
管理得分（0~1 ratio）			0.775*** (0.147)	0.642*** (0.147)			0.848*** (0.148)	0.701*** (0.148)
县区固定效应	Yes	Yes	Yes	Yes	Yes	Yes	Yes	Yes
行业固定效应	Yes	Yes	Yes	Yes	Yes	Yes	Yes	Yes
年份固定效应	Yes	Yes	Yes	Yes	Yes	Yes	Yes	Yes
样本数量	5116	5116	5116	5116	5116	5116	5116	5116
R - squared	0.280	0.270	0.275	0.285	0.276	0.266	0.270	0.282

　　注：括号内数值为稳健标准误（Robust Std. Error）；***、**、*分别表示在至少1%、5%和10%水平上统计显著。

第二节　影响企业创新绩效的机制

一、影响企业创新绩效的机制分析

上文对影响企业劳动生产率的中介机制检验发现，人力资本是社保投入影响企业劳动生产率的重要中介机制。同时，结合理论文献发现，由于福利投入具有一定的激励作用，对人力资本存在吸引效应，因此更高的社保投入将促进企业吸引更高质量的人力资本，进而助推企业创新绩效的增强。对于创新研发型人才，社保投入可能成为其保障生活稳定的有效方式（David et al.，2007；Oyer and Schaefer，2011；程欣、邓大松，2019）。因此，考虑到当前我国偏低的真实社保投入水平，与成本效应相比，社保投入提升对企业员工的激励作用更为明显。那么，人力资本是否同样也是社保投入影响创新绩效提升的一个关键因素？

社保投入对企业创新绩效的一个可能猜测是：社会保险通过吸引创新研发型创新人才，这部分创新型人力资本促进创新绩效的提升。新经济增长理论认为，经济增长的两大动力源泉是创新发明和人力资本提高，且不少文献也已经发现：人力资本是促进创新的重要方式（Barro，2000；刘智勇、胡永远，2000；Bloom David，1997）。人类历史上的四次工业革命经历了从机械化到智能化的转变，第一、第二次工业革命开始用机器代替劳动，从第三次工业革命起就开始从"人机合作"到"人机替代"的生产方式的转变，更多的人机交互、智能生产、互联网等科学技术发展壮大。因此，人类历史上生产革命的发展虽然离不开机器的创新，但是最终想要推动人类技术、科技、政治、经济等领域的高层次发展，还是要靠高质量人才思维方式、生产技术上的革新。因此，无数理论和实践证明，创新技术的提升必须靠创新人力资本发挥其生产效率。人力资本通过公共教育、知识积累等形式提升劳动技能和生产要素，甚至将这类知识和技能进行代际传播，从而提高经济增长。人力资本作为技术研发、吸收与扩散的必要条件，其质量和数量状况决定一个经济系统的增长加速器效应的大小（Arthur Lewis，1972；董翔宇、赵守国，2020）。

因此，本部分拟从人力资本的激励功能这一视角出发，进一步将人力资本变量引入计量模型，试图探究社保投入是否通过人力资本的激励效应影响企业创新绩效。

二、人力资本

具体而言，本部分分别将企业人均工资成本、全部人员招聘难度、研发人员招聘难度、研发人员占比、本科以上教育程度的员工占比等指标引入计量方程，以更为稳健地检验社保投入的激励效应。

在基准回归基础上，本部分分别采用中介效应模型、辅助回归等方法就社保投入对于企业创新的影响渠道进行实证分析。具体而言，为从激励视角研究社保投入对企业创新的潜在影响，我们将研发人员占比、本科以上教育程度的员工占比等变量引入式（7-1），考察在上述变量引入前提下，核心参数估计值的变化情况。与未引入中介变量的参数估计值相比，如果引入上述两个中介变量后，模型的核心变量参数估计值［式（7-1）中的 β_1］出现下降，并且上述两个中介变量均满足统计显著性的推断要求，我们则可认为：社保投入具有较强的激励效应，其通过吸引更高质量的人力资本助推企业创新能力的提升。此外，我们还采用辅助回归作为备选方法，以员工总体招聘难度、研发人员招聘难度作为被解释变量，研究社保投入对上述因素的影响，待估方程为式（7-1）：

$$Y_i = \beta_0 + \beta_1 \ln insurance_i + Z_i' + \gamma_d + \gamma_s + \varepsilon_i \qquad (7-1)$$

其中，变量 Y_i 代表企业对员工总体的招聘难度、对研发人员的招聘难度，对于上述变量而言，其数值越小，代表企业在劳动力市场的竞争力越强。其余是核心解释变量、控制变量与固定效应。

表 7 - 3 给出了中介效应模型的估计结果。我们发现，在依次引入研发人员占比、本科以上教育的员工占比两个变量之后，无论以人均社保支出还是社保覆盖率作为代理变量，社保投入对于企业创新的影响系数均出现了一定程度的下降，并且上述人力资本变量的参数估计值均在至少 1% 显著性水平上统计为正。进一步地，与基准回归结果（见表 6 - 3）相对比，模型 3 的估计结果表明，在人力资本变量充分控制的前提下，人均社保支出对于企业创新的弹性系数从 0.357 下降到 0.276，参数估计值降低 22.7%；模型 6 的估计结果则发现，在人力资本变量充分控制的前提下，社保覆盖率对企业创新的半弹性估计系数从 1.090 下降到 0.848，降低 22.3%（见表 6 - 3 和表 7 - 3）。

表 7 - 3 　　　　　　　　　社保投入对于企业创新的影响机制分析

变量名称	创新绩效					
	模型 1	模型 2	模型 3	模型 4	模型 5	模型 6
人均社保支出（对数值）	0.339 *** (0.052)	0.281 *** (0.053)	0.276 *** (0.053)			
社保覆盖率（0～1 ratio）				0.987 *** (0.156)	0.916 *** (0.161)	0.848 *** (0.159)
研发人员占比（0～1 ratio）	1.322 *** (0.292)		0.891 *** (0.278)	1.419 *** (0.292)		0.963 *** (0.277)
本科以上员工占比（0～1 ratio）		2.294 *** (0.255)	2.171 *** (0.250)		2.304 *** (0.252)	2.159 *** (0.246)
企业存续年限（对数值）	0.385 *** (0.035)	0.396 *** (0.035)	0.380 *** (0.035)	0.386 *** (0.033)	0.398 *** (0.034)	0.384 *** (0.034)
国有企业（0～1 dummy）	0.410 *** (0.093)	0.357 *** (0.094)	0.316 *** (0.094)	0.420 *** (0.093)	0.339 *** (0.093)	0.318 *** (0.093)
港澳台企业（0～1 dummy）	- 0.159 * (0.095)	- 0.100 (0.096)	- 0.134 (0.095)	- 0.154 (0.096)	- 0.088 (0.096)	- 0.135 (0.096)
外资企业（0～1 dummy）	- 0.425 *** (0.111)	- 0.419 *** (0.111)	- 0.408 *** (0.114)	- 0.401 *** (0.108)	- 0.400 *** (0.109)	- 0.393 *** (0.111)
行业固定效应	Yes	Yes	Yes	Yes	Yes	Yes

续表

变量名称	创新绩效					
	模型1	模型2	模型3	模型4	模型5	模型6
城市固定效应	Yes	Yes	Yes	Yes	Yes	Yes
样本数量	1549	1549	1549	1549	1549	1549
R – squared	0.269	0.297	0.290	0.268	0.296	0.289

注：括号内数值为稳健标准误（Robust Std. Error）；*** 表示在至少1%水平上统计显著。

为进一步更为直观地验证上述发现，我们采用辅助回归的方法，选择企业员工总体招聘难度、研发人员招聘难度的对数值作为被解释变量，就社保投入对于企业在劳动力市场竞争力的影响效应进行实证检验。表7-4给出了参数估计结果。我们发现，无论以员工总体招聘难度还是研发人员招聘难度作为被解释变量，社保投入对上述变量的影响系数均在至少1%水平上统计为负。这表明，随着社保成本提升，企业在劳动力市场的招聘难度将趋于下降，这表明社保投入增加有助于提升企业在劳动力市场的竞争力，这进一步支持了社保投入在我国当前经济发展阶段具有激励功能。进一步地，表7-4的回归结果表明，社保投入对于研发人员招聘难度的降幅要显著大于一般员工，这表明社保投入对更高质量人力资本的激励作用更为明显。

表 7 – 4　　　　　　社保投入对于企业招聘难度的影响效应

变量名称	员工总体招聘难度（对数值）		研发人员招聘难度（对数值）	
	模型1	模型2	模型3	模型4
人均社保支出（对数值）	– 0.015 *** (0.007)	– 0.027 *** (0.002)	– 0.033 *** (0.003)	– 0.037 *** (0.003)
企业存续年限（对数值）		0.014 (0.014)		0.059 *** (0.016)

续表

变量名称	员工总体招聘难度（对数值）		研发人员招聘难度（对数值）	
	模型1	模型2	模型3	模型4
国有企业（0~1 dummy）		0.012 (0.036)		0.001 (0.039)
港澳台企业（0~1 dummy）		0.002 (0.029)		- 0.114 *** (0.035)
外资企业（0~1 dummy）		0.009 (0.032)		0.068 * (0.036)
行业固定效应	Yes	Yes	Yes	Yes
城市固定效应	Yes	Yes	Yes	Yes
样本数量	1549	1549	1549	1549
R – squared	0.000	0.155	0.001	0.197

注：括号内数值为基于稳健标准误（Robust Std. Error）报告的 T 统计量；*** 和 * 分别表示在至少1% 和10% 水平上统计显著。

上述实证结果表明，更高的社保投入会更易招聘到员工，特别是对研发人员的招聘有正向影响作用。更高的社保投入吸引到更高质量的创新研发人员，或成为推动企业创新绩效提升的重要中介因素。因此，社保投入对创新研发人群的激励效应是现阶段我国社保投入对企业创新具有促进作用的一个重要影响渠道。

综合本章第一节和第二节的结论看来，人力资本不论是对劳动生产率还是对创新绩效都是重要的中介影响渠道。社会保险的投入通过吸引高学历人力资本和研发创新型人力资本，进而提升企业劳动生产率和创新绩效，对企业经济效率增长发挥着重要作用。当企业能够加大对其员工的社保投入，也一定程度上稳定了员工的后顾之忧，解决了其对于未来生活的不确定性，因此，此类型的企业更能够吸引到高质量人力资本。在人口总体学历水平稳步提升的时期，高学历人才更加关注除工资以外的其他福利，例如奖金、养老、健康、子女就学等其他后勤保障，因此，企业投入更高的社会保险能够吸引一批高质量人才，从而促进人力资本和企业效率之间的良性循环。

综上所述，通过实证数据的检验，社会保险促进企业经济绩效可以从三个方面解释：首先，与社保投入偏低的企业相比，对于社保投入较高的企业而言，员工的人力资本水平普遍较高。对于人均社保支出较高的企业分组而言，拥有高中学历、专科以上学历的员工占比分别为 34% 和 25%，上述指标较对照组企业分别高出 4 个百分点和 8 个百分点。因此，人力资本部分解释了社保投入对于企业劳动生产率的影响效应。并且，人力资本也解释了社保投入对于企业创新绩效的影响效应，社保投入更高的企业研发人员和高学历人员占比更高。因此，人力资本是解释社保投入的正向影响效应的重要中介机制。

其次，对于社保投入较高的企业而言，员工的创新精神普遍较高。结果表明，对于社保投入较高的企业而言，员工的开放性人格更强，创新精神普遍较高。

最后，管理效率对于企业劳动生产率的影响系数在 1% 水平上显著为正，这表明管理是提高企业劳动生产率的另一个重要因素，并且，管理效率是解释社保投入对于劳动生产率影响效应的最重要因素。总而言之，上述因素可以有效地部分解释社保投入对于企业劳动生产率的影响。

第三节　本章小结

为解释社保投入如何促进企业劳动生产率和创新绩效的提高，本章在计量模型中引入人力资本、创新精神、管理效率等三类指标，并在引入上述变量之后进一步考察回归参数估计值的变化情况。本章实证结果显示，企业"社保投入"影响企业"人力资本"、"创新精神"和"管理效率"，进而提高企业"劳动生产率"；企业"社保投入"通过影响企业"人力资本"，进而提高企业"创新绩效"。因此，社保投入影响企业经济效率的几个主要渠道是人力资本、创新精神和管理效率。

第一，本章发现，与工资、奖金等收入因素相比，社保投入在企业之间的差异更为明显，其对劳动福利的增进效应更为显著，这就造成更高的社保投入有助于吸引更高质量的人力资本，进而促进劳动生产率和创新绩效的提升。

第二，实证发现，更高的社保投入可以提高劳动者对于薪酬福利的长期预期，进而提高其有效劳动供给，释放创新精神。本章回归结果表明，更高的社保投入能够有效提高员工的创新精神，进而对劳动生产率产生促进作用。

第三，研究表明，更高的社保投入能够促进劳资关系更为和谐，这将有效降低企业提高管理效率过程中用于监督员工有效劳动供给的机会成本。因此，对于现阶段我国经济而言，更高的社保投入可以促进企业提高管理效率，并进而提高劳动生产率。

通过提升人力资本、创新精神和管理效率，社保投入有效地提升了企业经济效率。因此，在适宜区间内，企业社保投入可以有效改善企业的人力资本结构、创新精神以及管理效率，为企业经济效率的发展提供动力。

第八章

实证结论、政策建议及展望

社保投入不管是对企业经营还是国家福利的构建都具有重要意义，显著地影响着企业经营者和广大劳动者的切实利益。本书对社保投入与企业经济效率进行了全面的文献梳理、理论分析、现状分析、实证研究等，检验了社保投入与企业经济效率之间的正向影响以及影响渠道，有助于帮助政策制定者厘清当前我国社会保险企业缴费积极性不高的混乱局面，也对于劳动者福利的制定和完善提供了实证依据。本章首先对研究结论进行总概括，其次基于结论得出符合我国现状的政策建议，最后对未来研究进行展望。

第一节 实证结论

企业缴纳社会保险不规范已经成为全社会关注的问题。企业面临的我国老龄化加剧的问题也进一步增大了企业的社会保险缴费压力，特别是对于部分规模较大的企业，由于其发展时间长、人员相对稳定，因此老龄员工占比越来越大。我国经济正处于由高速增长转向高质量增长的关键时期，从2010年开始，我国经济增速减缓，企业发展也缺乏活力。国家只能通过减免社会保险费用来试图提高企业缴费积极性，提升企业运营能力。但是，不论是对于国家社会福利保障建设、企业经营生产还是劳动者福利保障，企业缴纳适度的社会保险都是十分必要的。企业缴纳社会保险虽然会给企业带来一定的成本压力，但是同时也会给企业经营带来正向影响。那么，社保投入对于企业的经济效率是否存在提升作用？社保投入对于企业的正向意义到底在哪里？社会保险通过哪些渠道影响企业经济效率？对这些问题的思考构成了本书研究的出发点，本书以严谨的微观实证方法，辅以定性分析法，对社会保险对于企业经济效率的影响及其机制展开了深入细致的讨论，现将主要研究结果总结如下。

一、企业实际社会保险缴费率低于政策缴费率，且不同类型企业缴费情况存在差异

首先，根据 CEGS 数据显示，2015～2018 年企业社会保险的实际缴费率为 19.3%。其中，广东省的社会保险缴费率为五省最低，为 16.3%。因此，如果以政策缴费率为评价标准，我国企业的社会保险缴费负担的确较高，特别是对于本就利润较低的民营小微企业；然而，在实际社会保险费用收缴过程中，各类企业实际缴费率呈现不同程度的低于政策缴费率，小微企业的实际缴费率远低于政府政策费率。在 2015 年之前，我国社保政策缴费率基本上在 30%～40%，然而根据企业实际数据发现，现阶段实际缴费率仅有 19% 左右。基于多方面原因，部分小微企业大多按照员工工资最低标准缴纳社会保险费，甚至部分出现漏缴、少缴问题。由此来看，单纯以政策缴费率来评价企业社保缴费水平是失之偏颇的，对企业社保投入需要依据实际缴费率来衡量才更为真实、可信。

2015～2018 年，我国企业实际社会保险缴费率偏低是较为普遍的现象，并且从不同类型企业社保投入的异质性来看，不同类型企业的实际缴费率大有不同：国有企业和外资企业呈现缴费率相对较规范的现象，其社保覆盖率高，缴费比例高；反观民营企业和港澳台企业，社会保险实际缴费率低，社保覆盖面明显偏低。尤其是劳动密集度高或规模较小的民营企业，社会保险缴费率显著偏低，竞争力持续下降。由于我国国有企业的主要职责是履行国家宏观经济政策，承担着更多的政治职能，因此国有企业

在执行国家社会保险政策方面相对较为规范。外资企业由于受母国文化的影响，较为注重劳动者保护权益，因此社会保险缴费率也呈现较为规范的状态。而我国民营企业普遍规模小、利润率低、成本压力大，其受到经济形势下行等大环境的冲击较大，在缴费比例上显著低于其他类型的企业，呈现明显低于政策缴费率的情况。除此之外，中部和沿海地区的社会保险缴费率也呈现不同，广东地区社会保险实际缴费率低，吉林省的实际缴费率最高，老龄化程度深，基金压力大，缺口明显。

因此，我国企业社会保险缴费率存在"虚高"的现象，且不同类型企业社会保险缴费率存在较强异质性。国有企业、外资企业、东三省地区的企业社会保险缴费率更为规范、缴费率偏高，而对于民营企业、广东省的部分企业，其社会保险缴费率明显偏低。此结论一定程度上揭示了现阶段我国企业社保实际投入还并未处于发达国家水平，虽然政策缴费率比对其他国家是较为突出的，但是在实际操作过程中，出于多方面因素的考虑，不同企业社会保险缴费率不同。

二、企业社保投入可以提升企业经济效率

社会保险作为一种长期存在的社会制度，对保障劳动者的合法权益和推动社会的发展产生了极大的作用。本书以中国五省的微观数据表明，社会保险对企业的经济效率有一定正向促进作用，其显著性在于提高了员工劳动生产率和创新绩效。虽然部分劳动密集型中小企业对社会保险的成本反应更为敏感，但是综合看来，现阶段社会保险对于企业经济效率的积极影响居多。

首先，本书实证表明，社会保险的提升促进了劳动生产率的提升。社保投入对于企业劳动生产率的影响效应均在至少5%显著性水平上统计为正。随着人均社保支出增加10%，企业劳动生产率平均将提高3.5%。无论以人均社保支出还是社会保险缴费率作为代理变量，社保投入对于企业劳动生产率的影响效应均稳健地显著为正。因此，考虑到我国实际社保投

入水平相对偏低的情况，社保投入并未对企业生产要素投入造成挤出效应，其并非抑制企业生产效率改进的一项重要成本。与之相反，更高的社保投入对现阶段企业所雇佣的员工起到了较为明显的激励作用，其对劳动生产率增长具有促进效应。

其次，实证分析还发现，在当前的社保投入水平下，提升社保投入对企业创新绩效的促进效应更为明显。企业人均社保支出每增加10%，企业有效专利数量平均将提高3.6%；与之相似，企业社保覆盖率每提高1个标准差，企业有效专利数量平均将提高16.4%。随着企业社保投入水平的提升，人力资本结构得到优化，企业的创新绩效水平随之提升。

综合以上两点，在社保投入处于合理区间的范围内，更高的社保投入有助于提升企业劳动生产率和创新绩效，有效说明社保投入对企业经济效率的正向激励作用。社保投入对员工劳动生产率和创新绩效的增长具有较强的边际收益，社保投入可以有效激励员工释放其劳动生产率和创新精神。因此，通过大样本数据的实证发现，现阶段看来，社会保险对企业经济效率的正面效应较为明晰。

三、社保投入的激励效应对大规模、研发强度更高和有效专利数量更多的企业更为明显

对于部分文献所担心的社保投入对于我国劳动密集型企业的成本挤压，本书也做了更为细致的异质性分析。异质性分析表明，社保投入的激励作用确存在异质性，对于大规模、研发强度更高和有效专利数量更多的企业而言，社保投入的激励效应更为明显，而对于劳动密集型和小微企业的作用并不明显。

首先，对于研发强度更高的企业而言，社保投入对企业劳动生产率的激励作用更为明显。其次，对于具有更多有效专利数量的企业而言，社保投入对于劳动生产率的影响效应更为显著。对于这类技术密集型企业，社保投入可以更为有效地激励其劳动生产率，而对于传统劳动密集型企业，

社会保险的成本压力依然比较大。最后，无论以人均社保支出还是社保覆盖率作为代理变量，对于大企业分组而言，社保投入对于企业创新的影响效应均显著为正；与之相对，对于中小企业分组而言，社保投入对于企业创新的影响系数均为负值。因此，社保投入的激励效应对大型企业更为明显。

综上所述，本书虽然证明社保投入对企业经济效率的影响效应为正，其可以有效促进员工生产效率和创新绩效。但是，本书同时也强调，这种激励效应对大规模企业和技术密集型企业更为明显，部分技术人才可能更加重视企业提供的社会保险及其他保障福利，因此，社保投入对上述类型企业的促进作用更为明显。而对于劳动密集型企业和小规模企业，过高的社保投入确存在较重的成本效应。

四、社会保险通过影响人力资本、创新精神与管理效率促进企业发展

通过以上分析发现，企业社保投入对于企业经济效率的正面作用已经较为明确，进而本书对社会保险影响企业经济效率的中介机制进行了分析。结果显示，第一，与工资、奖金等收入因素相比，社保投入在企业之间的差异更为明显，其对劳动福利的增进效应更为显著，这就造成更高的社保投入有助于吸引更高质量的人力资本，并进而促进劳动生产率和创新绩效的提升。

第二，更高的社保投入可以提高劳动者对于薪酬福利的长期预期，并进而提高其有效劳动供给，释放创新精神。随着社保投入的提升，企业在劳动力市场的竞争力将变得更强，其将吸引更多高质量人力资本，从而增强企业创新能力。本书回归结果表明，更高的社保投入能够有效提高员工的创新精神，并进而对劳动生产率产生促进作用。

第三，更高的社保投入能够促进劳资关系更为和谐，这将有效降低企业提高管理效率过程中用于监督员工有效劳动供给的机会成本。因此，对

于现阶段我国经济而言，更高的社保投入可以促进企业提高管理效率，并进而提高劳动生产率。并且，经实证分析：上述因素可以解释50％左右社保投入对于企业劳动生产率的影响效应。其中，与人力资本、创新精神等因素相比，管理效率是社保投入对于企业生产率产生促进作用的更重要渠道。

综合以上几点结论来看，社保投入对于企业而言并不是单一的负面影响，适宜区间内更高的社保投入通过对员工生产率的激励作用，可以有效地提升企业经济效率。特别是对于研发强度更高以及有效专利数量更多的技术密集型企业和大规模企业，社保投入的激励作用更为明显。具体而言，社保投入通过吸引高质量人力资本、刺激创新精神以及提升企业管理效率三个中介渠道，进而提高企业经济效率。上述结论揭示了社会保险对于企业的正面促进作用，明确了社保投入的影响渠道，有助于帮助企业明确缴纳社保费用的积极作用，在促进整体社会保障福利提升的同时，促进我国市场经济的繁荣运行。因此，现阶段，适宜区间内更高的社会保险对于我国企业经济效率的促进作用较为明确，政府和企业应该尽可能地发挥社会保险的积极效应。同时，政府作为决策者也要适量规避"一刀切"的高社会保险缴费标准带来的负面影响。笔者认为，应该客观、一分为二地看待社会保险问题，并且对不同类型的企业采取不同的政策偏移。一味地降低社会保险费率会导致政府养老金缺口增大、财政压力增大、劳动者福利保障下降的困境，且不利于部分企业发挥社保激励作用吸引高质量人力资本。本书的实证分析可以有效说明，社会保险对于促进现阶段企业经济效率的提升有正向作用，企业应该理性看待社保投入，在适宜范围内尽可能提高部分企业的社保投入以吸引更高质量的人力资本、释放员工创新精神、提高企业管理效率，从而促进企业经营生产。

需要特别补充说明的是，本书并没有否认过高的社会保险对于企业带来的压力，以及对部分企业减税降费的必要性。本书异质性分析表明，对于部分劳动密集型企业，过高的社会保险会造成成本压力。因此，本书结论表明一定限度内更高社会保险对于企业经济效率的促进作用，超过一定限度的社会保险对于企业有成本压力，不利于部分企业的生产发展。一方面，社会福利要能满足公民的基本生活需求，以便能够保证人民的生存；另一方面，社会福利制度的实施又要避免出现"养懒人"的情况。因此，社会福利水平既不能太低，低到很多公民的基本生活需求都得不到满足，基本的生活水平得不到保障；同时也不能太高，高到许多公民坐在家中就能享受高福利，从而不积极劳动以创造更多的社会财富（陈银娥，2009）。

综上所述，现阶段看来，在适宜区间内，更高的社会保险对于企业经济效率有正向促进作用，尤其是对于技术密集型和规模较大企业，上述促进作用更为明显。

第二节　政策建议

本书旨在辩证地分析社会保险为企业带来的影响，从更为中长期的视角平衡企业、个人和社会三者的关系，为促进企业良性发展和个人福利保障提供参考。基于上述的研究结论，本部分提出了几点政策建议：制定与经济发展相适应的缴费率、重视人力资本的积累效应、注重社保投入的异质性、建立多支柱的社会保险体系。

一、制定与经济发展相适应的缴费率

本书实证研究发现，现阶段企业实际缴费率显著低于政策缴费率，并且劳动密集型小微企业的社会保险缴费率明显偏低，缴费压力较大，缴费能力较弱，因此，合理扩大社会保险的保障层次是有必要的；同时，过高的社会保险也会对企业，特别是小规模、劳动密集型企业存在不同程度的就业挤出等影响。因此，制定与经济发展相适应的社会保险缴费率十分重要。

从中长期来看，我国老龄化必定会对经济福利发展产生一定冲击，老龄人口赡养压力和年轻劳动力短缺的压力都促使社会保险缴费率的设定必须与企业发展相适应，在保证企业良性运行的前提下，保障国家福利的协调发展。一方面，我国长期依赖的低成本劳动力优势正在逐渐瓦解，我国人口红利期所拥有的庞大且年轻的劳动力带来的高资本收入，一直支撑着改革开放后的中国经济快速增长。然而，2010 年之后，劳动年龄人口占比见顶、"民工荒"等问题改变了我国经济发展形势。因此，近年来员工工资不断上涨，而与之挂钩的社会保险缴费也是企业成本中逐渐突出的一个方面，社保投入需要实现与经济的良性互动，实现与经济发展、企业发展、就业水平等相平衡的局面。另一方面，企业逃费、降费现象一直阻碍着社会保险的规范性，给社会保险的规范管理带来了一定的负面影响。基于此背景来看，制定与经济发展相适应的社会保险缴费率十分重要。

二、重视人力资本的积累效应

本书结论显示社保投入对企业经济效率有正向促进作用，并且高质量人力资本是促进企业提升经济绩效的中介渠道，那么，企业应重视人力资本的积累效应，切实发挥高质量人力资本对企业的促进作用。

人力资本在企业发展层面是不可或缺的一部分，我国有充分人力资源，但是将人力资源转化为人力资本才是能够促进经济发展的根本之道。为了更好地吸引高质量人力资本，促进经济发展，部分企业应该加大社保投入及其他企业福利的发展，重视福利对员工的激励效应，加大企业社会保险、补充保险、企业年金和其他生活保障等的建设，共筑良好、和谐的劳资关系。特别是为部分高学历、高技能的员工规范缴纳社会保险以及提供企业其他保险等优待措施，从根本上激励其提升劳动生产率。

在我国全面老龄化持续加深的时期，重视人力资本的积累效应是十分重要的。根据国家统计局的数据显示，65 岁及以上老年人口从 1949 年的 4.15% 上升到 2022 年的 14.9%，并且预计 2019～2059 年 65 岁及以上老年人口将由目前的 1.8 亿人增加到 2059 年的 4 亿人左右，人口老龄化势必会导致中国劳动力人口总量的下降。同时数据还显示，2022年我国劳动人口为8.7556亿人，占全国人口的比重为62.0%。相比2021年的8.8222亿人，减少0.0666亿人。从总体来看，中国劳动力总量将持续下降，企业也将向老龄化的趋势发展，其中劳动密集型企业老龄化趋势最为突出。在这种背景下，劳动力的整体减少使得企业招聘难度不断增大，企业社保缴费意愿和能力更加成为招聘高质量劳动力的一个方面，因此，企业应重视人力资本的积累效应，加大对高质量人才的社保等福利投资，促进人力资源有效地转换为人力资本，保障企业经济效率可持续发展，尽快实现企业创新转型。

三、注重社保投入的异质性

研究表明，社保投入对不同企业的影响存在很大的异质性。对于某些高新技术产业，社会保险对于劳动生产率的提升作用更为显著，对于部分劳动密集型传统行业，社会保险的成本作用较大。因此，在宏观调控社会保险缴费率时应该统筹考虑不同企业的差异性，对缴费能力不一的企业实行差异性灵活缴费率。基于此，应该进一步加强"减税降费"政策的精准施策，对不同类型的企业给予不同程度的降低或是政策倾斜，在社会保险政策制定时，充分考虑因地制宜、因企制宜的原则。

劳动密集型企业是吸纳就业的主力，特别是民营企业在国有体制改革之后已经成为拉动就业的主力军，因此，保护中小型劳动密集型企业的健康发展是促进就业的最优途径之一，对这部分企业，可适当调低社会保险的缴费比例，扶持中小型密集型企业的发展。而对于部分新兴技术密集型企业，加大员工的社保投入，充分发挥社会保险的激励作用，可以更好地促进这部分企业的生产发展。对这部分企业，应该鼓励其充分发挥社会保险及其他企业福利的积极作用。

同时，还要进一步改善企业逃费现象。政府监管部门应该加大稽查力度、改变稽查方式，加大对稽查人力、物力的投入，切实核查企业真实缴费情况。同时，改变绩效考核方式，对每一个收缴单位进行足额的缴纳，形成社会保险收缴方式的规范性，这样才能保证政策缴费率和实际缴费率不出现较大偏差，为决策提供事实依据。

四、建立多支柱的社会保险体系

本书通过定性研究发现，在各国的社会保障福利体系中，第二、第三支柱是分解第一支柱压力的必要方法。我国应该加强深化第二、第三支柱的发展，尽快出台第二、第三支柱的制度设计政策，完善多支柱的社会保障制度。将社会保险"蛋糕"进一步做大，降低部分企业的社会保险缴费压力，而鼓励企业和员工参与第二、第三支柱等其他社会福利保障。

我国现阶段的社会保险制度还是以单一支柱为主，社会保险的保障已经成了大多数国民的唯一社会保障，导致国家、社会、家庭对其的期待越来越高。可是，如果想要完全依赖单一支柱，不但会给制度运行带来巨大的压力，而且不可能满足所有人的期待。根据《中国人口预测报告 2023版》整理得到，如表 8 - 1 所示，我国总人口数量逐渐下降，老年抚养比一直呈现上升趋势。保守估计，未来我国老年抚养比还会逐年上升，出生率的下降、就业年龄的上升，以及退休年龄的上升和国民平均寿命的上升都会持续提高老年抚养比。那么单一支柱的社会保险肯定不足以支撑高老年抚养比，这会给在职员工带来沉重压力，打击缴费积极性。因此，在适当程度内稳定缴费率并发展多支柱社会保险是保障我国劳动者权益的可行办法。

表 8 - 1　　　　　　我国总人口以及老年抚养比预测

年份	总人口（亿人）高预测	老年抚养比（％）高预测
2030	13.87	27.3
2040	13.48	42.0
2050	12.88	50.8
2060	11.89	64.0

续表

年份	总人口（亿人） 高预测	老年抚养比（%） 高预测
2070	10.82	64.6
2080	9.82	78.1
2090	8.88	82.1
2100	8.03	83.1

注：1.《中国人口预测报告 2023 版》的主要数据来源是：2010 年第六次全国人口普查、2020 年第七次全国人口普查以及《中国统计年鉴2021》。

2. 根据未来鼓励生育政策的力度，本预测分为低、中、高预测三种情形。高预测的前提是出台积极有效的鼓励生育政策。

3. 老年抚养比：指某一人口中老年人口数与劳动年龄人口数之比。用英文表示为 Old-age dependency rate，简写为 ODR。ODR =（65 岁及以上老年人口数）/劳动年龄人口数×100%。

资料来源：育娲人口研究发布的《中国人口预测报告 2023 版》。

第三节 未 来 展 望

企业"成本高""融资难""用工荒"是近年来突出的问题，特别是当前企业纷纷谋求转型升级，企业社会保险、行政审批、原材料等成本支出愈发成为企业转型升级的"压力源泉"。可以说，促进中小企业转型升级，从"中国制造"走向"中国智造"已经成为当下我国经济发展最重要的一个方面。因此，企业社保投入成为社会各界广泛关注的主题之一，越来越多的学者也关注此问题。企业作为社会保险基金征缴的主要承担主体，厘清社会保险企业方的责任和义务不仅可以有效地帮助企业解决转型中的困境，对于我国社会保险制度的优化也有一定促进作用。本书对社保投入对企业经济效率的正面效应及影响机制进行了剖析，发现社保投入可以帮助企业吸纳优秀人才、刺激创新、提升管理效率，从而提高经济效率。因此，社保投入不单是企业的成本，而是帮助企业向可持续发展方向变迁的方式之一，尤其是对大规模和技术密集型企业。

在社保投入的经济效应问题中，效率和公平是对立统一的关系。两者有一致性，一方面效率是公平的物质前提，另一方面公平是提高经济效率的保证。在社会保险制度建设中，公平与效率是必须要妥善处理的一对基本关系，不同的公平效率观意味着在制定基本养老保险制度时的不同价值取向。我国基本养老保险制度取得巨大成就的同时也存在一些亟待解决的问题，如：劳动者参保困境、企业缴费困境、税务征缴困境等（施文凯，2022）。因此应密切关注合规缴费对企业生产经营的影响（施文凯，2022）。在当今社会，随着经济的快速发展，人们的日常消费水平也逐渐增高，高额的医疗费用、教育费用及房价给人们造成了很大的负担，为了减轻人们的压力，国家实行了各种保障制度，在各种方面为人们带来便利，尽最大努力保障人们的日常生活，免除了劳动者们的后顾之忧，缩小了贫富差距，一定程度上实现了社会公平。现如今很多企业都会主动为员工缴纳社会保险，这也是一种对员工的保障。

目前，我国的社会保险费率调整政策注重普惠与效率，而精准性与公平性相对不足。例如，统一比例的费率调整政策难以为所有企业带来相同的政策效果。费率降低尽管都会通过减轻企业的负担而增加企业可支配现金流，但对于小微企业和初创企业而言，其往往将多出的这一部分资金投入到生产性经营活动中，以增加劳动力、购买固定资产、拓宽生产渠道等方式来扩大企业规模，增加利润。而对于大中型企业而言，其节省下来的资金大多用于资本性经营活动。不同的资金流向会对提振市场信心、激发市场活力的制度设想，以及企业自身发展产生不同的影响，进而不利于制度的普惠性与效率。

一般而言，政府通过征收税费获得收入后进行再分配时需要秉持公平原则，包括横向公平与纵向公平，既要保证缴费人基于受益标准在同一条件下缴纳相同的税费，又要保证缴费人基于支付能力标准缴纳与其经济状况相匹配的税费，确保其税负水平处于合理区间。这一原则同样适用于社会保险费率调整政策。基于"统一比例"的调整政策仅在名义上做到了费率的统一，但就实际负担而言，不同行业、不同规模的企业仍有所差异。例如，相比用工需求小、信息化程度高的企业而言，用工规模大、机械化程度低的实体企业对费率下调的需求更为迫切。相同比例的费率调整尽管降低了企业负担，但前一类企业对政策回应的积极性并不高，而后者虽然积极性较高，但实际减轻的负担相对原先的负担而言又比较有限。因此，社会保险费率的统一调整更多保证了横向公平，而在纵向公平上则有所不足。

那么，如何更有效地解决社会保险征缴的公平问题？

（1）针对不同规模企业实施弹性费率设计。我国小微企业和初创企业多为劳动密集型企业，社会保险缴费负担过重将会直接挤压企业的利润获得，还会迫使企业转嫁缴费负担，使用资本代替劳动，造成劳动力长期供大于求，不利于我国经济社会的可持续发展。此外，小微企业及初创企业尤其是科技型小微企业作为我国创新驱动发展的重要战略阵地，能否通过降低费率以降低经营成本、增加收入，是其充分释放创新活力的关键所在。因此，我国可以在统一降费比例上添加弹性设计，适时调低小微企业费率，帮助小微企业渡过难关，激发小微企业的发展潜力。后期可以根据企业盈利能力的改善情况，逐步将缴费标准提高到全国统一的标准。对于成立年份较久的企业和大中型企业，则可以在经济发展良好、金融风险较大的情况下，通过提高费率的制度设计来防止其将大量的剩余资金投入金融市场，有效防范化解金融风险。

（2）针对不同行业实施灵活减负设计。我国自1999年起就已停止执行不同行业的差别社会保险费率，但由于各行业劳动资本比例、经济实力、发展规模与职工年龄结构差别较大，不同行业企业的社会保险缴费能力存在着一定差异，缴费负担在不同发展阶段也有所变化。因此，应在弹性费率设计的基础上，结合行业特性与企业不同发展周期的特点，实施针对性的减负措施。以小微企业为例，同一规模的小微企业以相同费率为征收依据，但是对于不同行业特性应辅以不同的减负措施。例如：对于依靠科技创新和技术投入较大的小微企业而言，前期投入较大，但往往后期回报也相对较高，因此可以对其采取弹性费率制度，在最适缴费区间内根据最低缴费水平进行征缴，然后配以延期征缴、缴费成本加计扣除等方式来缓解这一类小微企业的前期缴费负担；而对于劳动密集型的小微企业而言，缴费负担长期保持在相对稳定的水平，则适宜在弹性费率的基础上加以政策性补贴或返还部分税收等方式减轻企业实际负担；对于资本密集型企业而言，可以在经济发展良好、金融风险较大的情况下，通过具有导向性的费率制度设计来促使其将剩余资金投入研发创新，提高生产率。

（3）实现政策执行中的公平性保障。在以往的征缴过程中，我国部分企业存在各种逃费行为，这对依法依规足额缴纳的小微企业而言非常不公平，会在一定程度上打击其缴费积极性。因而，在社会保险费率制度和征缴体制改革中还需要更好地发挥税务部门的征管经验，在弹性制度设计中体现更大的惩处力度，实现政策执行中的公平性保障。有学者提出，社保征收体制改革能降低养老保险财政负担，可以从前置核定环节、保费征收环节加强征缴力度，以进一步提升养老保险的征缴效果（曾益，2022）。

还有社会保险的效率问题。社会保险费率水平越高，缴费收入越多。但是当费率达到一定水平，超出最佳费率点时，企业及个人由于缴费成本问题会产生逃避行为，导致缴费收入开始降低。因此，逐步降低社会保险费率是必要的。同时，降低社会保险费率是党中央、国务院作出的重大决策部署，是应对经济增速减缓压力的重要举措，对于减轻企业负担、优化营商环境、激发市场活力、促进经济增长具有重要作用。下调社会保险费率是我国激发企业活力、促进经济可持续发展的重要举措之一（张奇林，2023）。这一政策除了能够从宏观角度推动社会保险制度结构性改革，确保经济行稳致远外，更重要的还在于能够有效释放企业的活力，在促进供给侧结构性改革和实体经济高质量发展的时代背景下，保证小微企业和初创企业能更好地参与到生产性经营活动中，对于促进稳岗就业、推动科技创新、优化市场资源配置有着十分重要的作用。

在企业层面，促进社会保险制度结构性改革。这次调整属于长期性的制度安排，有利于进一步激发市场活力，稳定就业形势，彰显中央减轻企业社保缴费负担的鲜明态度和坚定决心。降低社保费率将减轻企业负担，提高企业盈利能力。特别是对于劳动密集型企业，降低社保费率有助于缓解劳动力成本上升的压力，提高企业用工成本优势，有利于稳定和扩大就业（郑晟祺，2024）。研究表明，企业社保缴费能够促进企业创新；企业社保缴费通过提升人力资本的方式促进了企业创新行为。

在个人层面，降低社保费率意味着个人需要缴纳的社保费用减少，实际收入将提高。然而，这也可能导致社会保障水平相对降低，个人在面临养老、医疗等方面的压力时，需要做好充分准备。

在社会层面，要发挥社会保障经济运行减震器作用。社会保障是促进经济社会发展、实现广大人民群众共享改革发展成果的重要制度安排，发挥着民生保障安全网、收入分配调节器、经济运行减震器的作用，为稳定经济社会发展秩序作出了巨大贡献。

那么，如何更有效地解决社会保险征缴的效率问题？

制度层面：通过分析新时代社会保险费征收管理体制的现状，发现现行征管体制在征收模式、征收管理法律、政策和征收方式等方面存在一系列问题，提出完善社会保险征收管理体制的具体措施，从而有利于提高征收机构社会保险费征管效力，更好地保障民生。进一步完善社会保险费征管法治体系，进一步优化政府统一领导的部门协作机制，进一步健全以廉政风险为抓手构建风险防控体系，进一步提升社会保险费征管质效，提高税费治理现代化水平（刘建徽，2024）。

政府层面：应该推进降低社会保险费率的相关改革，优化融资环境，助推企业转型升级和高质量发展。一方面，应适时适当降低社会保险费率为企业减负。另一方面，应完善企业外部的融资环境，为企业转型升级提供必要的资金支持（夏太彪，2024）。社会保险费率提升不仅会挤出企业投资，还可能倒逼企业以降低参保合规度的方式降低劳动成本。这不仅加剧了我国企业投资普遍不足的现状，降低了人口红利，还从整体上降低了企业的资源配置效率。

企业层面：企业相关管理人员应不断深化研究、创新实践，以推动企业人力资源管理与社会保险的有机结合，实现企业和员工的共同发展。企业应加强政策制度宣传，完善企业社会保险管理机制建设，搭建信息技术系统，强化社会保险管理队伍专业建设，改善社会保险管理现状，在增强企业员工稳定性的同时激发员工工作积极性，为企业人力资源管理工作提效增质，进而提升企业市场竞争力，促进企业健康持续发展（洪勇，2023）。

事实上，分配公平和运行效率并不是非此即彼的对立关系，只要制度设计得当，完全可以在二者之间形成强有力的互补效应。统账结合制就是一种符合动态时间一致性原则的有益尝试，当人口增长率和劳动生产率增长率之和高于资本收益率时，可以提高统筹账户的比例，这是通过提高财富分配的公平性来改进制度的运行效率，反之，则可以提高个人账户的比例，通过提高制度的运行效率来增进财富分配的公平性（邹铁钉，2015）。

公平和效率的关系可以概括为：公平里面出效率，效率也能够维护公平。如果没有效率，就没有公平，没有公平，也无法促进效率的提升。无论是代内公平还是代际公平，无论是激励机制还是约束机制，公平和效率两者是内化于养老保险制度的一种机制（袁友红，2017）。因此，应采取多元优化措施，促进社会保险的公平与效率的统一。

然而，本书的研究还是存在一定局限性，现提出未来研究的几点展望。

第一，在延续本书研究的基础上，未来还应该对于社保投入的合理区间做出进一步准确定义，也就是社保投入在何种区间内可以促进经济发展，超过何种区间后会抑制企业发展。由于这是一个较为庞大的议题，本书并未对取值范围做出详细测算。本书仅提到，在当前我国实际社保投入并不高的情况下，社保投入对于企业还处于正向影响的阶段。因此，未来对于上述问题应该有进一步深入的理论和实证研究，以更好地为我国社会保险制度的合理制定提供切实参考，为社会保险发展阶段提供预警。

第二，更加立足于中国特色的社会保险、企业福利等问题。我国幅员辽阔、人口众多，各个地区的社会保险制度不同，不同人群的社会保障需求又不同。2019年起我国社保归税务部门统一征收后，社保制度和实际形态都发生了许多变化。由于时间所限，本书还并未对这一改革制度下的现状进行深入探讨。这些也是国际上十分关注的"中国现象"，下一步的研究将会对此类问题进行深刻的剖析，将此类中国问题引入国际学界的视野中。

　　第三，社会保险有关研究需要置于多种学科研究范式的视野中。对于社会保险的研究不单单是社会保险缴费本身，而需要从"国家治理"等更高层面进行统筹分析，应该结合人口学、经济学、心理学等多个学科视野，拓宽研究视角。未来的研究会结合不同学科的研究范式和方法，切实解决现阶段我国企业、劳动者面临的一系列困境。

参 考 文 献

[1] 白重恩, 吴斌珍, 金烨. 中国养老保险缴费对消费和储蓄的影响 [J]. 中国社会科学, 2002 (8): 48 – 71.

[2] 白维军. 我国现代社会保障的理念、政策演变及启示 [J]. 内蒙古社会科学, 2016 (11): 14 – 19.

[3] 白洁. 不同社会阶层再分配偏向的研究 [D]. 武汉: 华中师范大学, 2019.

[4] 鲍灵光. 西方税收原则理论评述 [J]. 经济学动态, 1997 (5): 70 – 72.

[5] 贝弗里奇. 报告: 社会保险和相关服务 [M]. 北京: 中国劳动出版社, 2004.

[6] 陈怡安, 陈刚. 社会保险与创业——基于中国微观调查的实证研究 [J]. 人口与经济, 2015 (6): 73 – 82.

[7] 陈银娥. 社会福利 [M]. 北京: 中国人民大学出版社, 2009.

[8] 陈东, 陈爱贞, 刘志彪. 重大风险预期、企业投资与对冲机制 [J]. 中国工业经济, 2021 (2): 174 – 192.

[9] 程名望, 华汉阳. 购买社会保险能提高农民工主观幸福感吗?——基于上海市 2942 个农民工生活满意度的实证分析 [J]. 社会保障研究, 2020 (2): 46 – 61.

[10] 程欣, 邓大松. 企业社保投入是成本还是投资?——基于 "中国企业 – 劳动力匹配调查" (CEES) 的新发现 [J]. 人口与经济, 2018 (5): 113 – 126.

[11] 程欣, 邓大松. 社保投入有利于企业提高劳动生产率吗?——

基于"中国企业－劳动力匹配调查"（CEES）的实证研究 [J].管理世界，2020（3）：90－101.

[12] 程晨，王萌萌.企业劳动力成本与全要素生产率——"倒逼"机制的考察 [J].南开经济研究，2016（6）：23－43.

[13] 程风雨，李林木.减税降费如何影响企业绩效——基于劳动生产率和纳税遵从双重视角的分析 [J].江汉论坛，2023（2）：59－67.

[14] 陈伟涛."和而不同"：家庭养老、居家养老、社区养老和机构养老概念比较研究 [J].广西社会科学，2021（9）：144－150.

[15] 蔡昉.劳动经济学 [M].北京：中国社会科学出版社，2015.

[16] 蔡昉.人口转变、人口红利与刘易斯转折点 [J].经济研究，2010（4）：4－13.

[17] 崔庆华.基于社会保险视角的企业人力资源管理优化策略探讨 [J].企业改革与管理，2023（22）：69－71.

[18] 董翔宇，赵守国.基于新经济生产方式考量下的人口红利向人力资本红利的升级研究 [J].河北经贸大学学报，2020（3）：87－91.

[19] 董翔宇，赵守国，王忠民.从人口红利到人力资本红利——基于新经济生产方式的考量 [J].云南财经大学学报，2020，36（2）：3－11.

[20] 董登新.中美两国社会保障负担比较——中国社保实际缴费水平远低于法定水平 [OL].搜狐新闻，2016.

[21] 邓大松.中国社会保障若干重大问题研究 [M].深圳：海天出版社，2000.

[22] 邓大松，程欣，汪佳龙.基础养老金全国统筹的制度性改革——基于国际经验的借鉴 [J].当代经济管理，2019（3）：89－97.

[23] 单大圣.适时适当降低社会保险费率 [J].经济研究参考，2015（19）：78－82.

[24] 丁建定，杨凤娟.英国社会保障制度的发展 [M].北京：中国劳动社会保障出版社，2004.

[25] 丁建定.从济贫到社会保险：英国现代社会保障制度的建立：

1870 – 1914 ［M］. 北京：中国社会科学出版社，2000.

［26］段鸿济，卢文华．"降成本"的政治经济学含义及其政策指向［J］. 南方金融，2016（8）：16 – 21.

［27］封进．中国城镇职工社会保险制度的参与激励［J］. 经济研究，2013（7）：104 – 117.

［28］封进．社会保险对工资的影响［J］. 金融研究，2014（7）：109 – 123.

［29］封进，张素蓉．社会保险缴费率对企业参保行为的影响——基于上海社保政策的研究［J］. 上海经济研究，2012（3）：47 – 55.

［30］房莉杰．平等与繁荣能否共存——从福利国家变迁看社会政策的工具性作用［J］. 社会学研究，2019（5）：94 – 115.

［31］弗里德里希·冯·哈耶克．法律、立法与自由（第二、第三卷）［M］. 邓正来，等译．北京：中国大百科全书出版社，2000.

［32］葛结根．社会保险缴费对工资和就业的转嫁效应——基于行业特征和经济周期的考察［J］. 财政研究，2018（8）：93 – 103.

［33］顾俊礼，田德文．福利国家论析——以欧洲为背景的比较研究［M］. 北京：经济管理出版社，2002.

［34］郭金龙，朱晶晶．企业职工基本养老保险全国统筹的现状和政策效果研究［J］. 价格理论与实践，2023（4）：140 – 147.

［35］高培勇．构建中国社会保障制度［M］. 北京：中国财经经济出版社，2010.

［36］高冈裕之．総力戦体制と「福祉国家」［M］. 東京：岩波書店，2011，13 – 14. 第26回国会．衆議院予算委員会［EB/OL］. http：//kokkai. ndl. go. jp/SENTAKU/syugiin/026/0514/02603020514011.

［37］何子冕，吕学静．养老保险法定缴费率与企业创新——基于倾向得分匹配法［J］. 社会保障研究，2019（5）：30 – 41.

［38］何立新．中国城镇养老保险制度改革的收入分配效应［J］. 经济研究，2007（3）：23 – 42.

［39］何学松．推广服务、金融素养与农户农业保险行为研究［D］．陕西：西北农林科技大学，2018.

［40］亨利·M.莱文，帕特里克·J.麦克尤恩．成本决定效益：成本－效益分析方法和应用［M］．北京：中国林业出版社，2006.

［41］金刚，范洪敏．社会保险政策缴费率调整对企业实际缴费率的影响——基于深圳市2006年养老保险政策缴费率调整的双重差分估计［J］．社会保障研究，2018（4）：46－68.

［42］景鹏，胡秋明．企业职工基本养老保险统筹账户缴费率存在下调空间研究［J］．中国人口科学，2017（1）；21－33，126.

［43］景鹏，陈明俊．基本养老保险基金投资管理困境及对策研究［J］．金融理论与实践，2018（9）：99－103.

［44］景天魁．福利社会学［M］．北京：北京师范大学出版社，2010.

［45］加里·斯坦利·贝克尔．人力资本［M］．北京：机械工业出版社，1964.

［46］康国瑞．社会保险［M］．台湾：台湾黎明文化事业公司，1983.

［47］路德维希·艾哈德．大众的福利［M］．武汉：武汉大学出版社，1995.

［48］刘伟兵，杨扬．地区差异与城镇职工基础养老金全国统筹：矛盾及其化解［J］．社会保障研究，2019（2）：13－25.

［49］刘海洋，刘峥，吴龙．工会提高了员工福利和企业效率吗？——来自第一次全国经济普查的微观证据［J］．产业经济研究，2013（5）：65－73.

［50］刘继同．中国现代社会福利发展阶段与制度体系研究［J］．社会工作，2017（10）：35－59.

［51］刘军强．沙滩上的大厦：中国社会保险发展与治理的跟踪研究［M］．北京：商务印书馆，2018.

［52］刘子杨．我国企业社会保险缴费负担及对企业竞争力的影响［J］．现代经济信息，2017（3）：43－44.

[53] 刘鑫宏. 企业社会保险缴费水平的实证评估 [J]. 江西财经大学学报，2009（1）：28 – 34.

[54] 李珍. 重构医疗保险体系　提高医保覆盖率及保障水平 [J]. 卫生经济研究，2013（6）：5 – 11.

[55] 刘苓玲，慕欣芸. 企业社会保险缴费的劳动力就业挤出效应研究——基于中国制造业上市公司数据的实证分析 [J]. 保险研究，2015（10）：107 – 118.

[56] 刘青瑞，穆怀中. 社会保障水平变动规律的跨国实证分析 [J]. 人口与发展，2014，6：51 – 62.

[57] 刘智勇，胡永远，易宪中. 异质性人力资本对经济增长的作用机制检验 [J]. 数量经济技术经济研究，2008（4）：86 – 95.

[58] 刘建徽，胡金星. 关于进一步提升社会保险费征收效率的几点建议 [J]. 税务研究，2024（1）：135 – 138.

[59] 鲁晓东，连玉君. 中国工业企业全要素生产率估计：1999—2007 [J]. 经济学（季刊），2012（2）：34 – 53.

[60] 陆正飞，王雄元，张鹏. 国有企业支付了更高的职工工资吗？[J]. 经济研究，2012（3）：28 – 38.

[61] 路锦非，李姝. 养老保险缴费的拉弗曲线：政策缴费率对实际缴费率的影响 [J]. 保险研究，2023（4）：88 – 101.

[62] 李明，徐建炜. 谁从中国工会会员身份中获益？[J]. 经济研究，2014（5）：49 – 62.

[63] 李志明. 中国城镇企业职工养老保险制度的历时性研究 [M]. 北京：知识产权出版社，2015.

[64] 李晶莹. 人力资本在经济增长中的作用 [D]. 哈尔滨：哈尔滨工业大学，2010.

[65] 李炜. 社会公平感：结构与变动趋势（2006 – 2017 年）[J]. 华中科技大学学报（社会科学版），2019，33（6）：110 – 121.

[66] 李憨劼. “减税降费”推动我国制造业企业高质量发展 [J].

财务与会计，2019（8）：41-44.

[67] 凌文豪，王晗. 公平与效率：基本养老保险制度的价值取向 [J]. 华北理工大学学报（社会科学版），2019，19（1）：19-23，39.

[68] 林炜. 企业创新激励：来自中国劳动力成本上升的解释 [J]. 管理世界，2013（10）：95-105.

[69] 罗纳德·伊兰伯格. 现代劳动经济学 [M]. 北京：中国人民大学出版社，2012.

[70] 马双，孟宪芮，甘犁. 养老保险企业缴费对员工工资、就业的影响分析 [J]. 经济学（季刊），2014（3）：969-1000.

[71] 马红鸽，席恒. 收入差距、社会保障与提升居民幸福感和获得感 [J]. 社会保障研究，2020（1）：86-98.

[72] 马歇尔·N. 卡特，威廉·G. 希普曼. 信守承诺—美国养老社会保险制度改革思路 [M]. 李珍，译. 北京：中国劳动社会保障社会出版社，2003.

[73] 曼斯费尔德. 微观经济学 [M]. 黄险峰，等译. 北京：中国人民大学出版社，1999.

[74] 缪怀中. 中国养老保险制度改革关键问题研究 [M]. 北京：中国劳动社会保障出版社，2006.

[75] 缪怀中. 社会保障国际比较 [M]. 北京：中国劳动社会出版社，2002.

[76] 诺曼·巴里. 福利 [M]. 储建国，译. 长春：吉林人民出版社，2005.

[77] 彭华民. 西方社会福利理论前沿：论国家、社会、体制与政策 [M]. 北京：中国社会出版社，2009.

[78] 史潮，钱国荣. 评估企业竞争优势的独特视角 [J]. 现代经济探讨，2006（9）：61-64.

[79] 让·巴蒂斯特·萨伊. 政治经济学概论 [M]. 北京：商务印书馆，1963.

[80] 粟芳, 魏陆. 瑞典社会保障制度 [M]. 上海: 上海人民出版社, 2010.

[81] 孙博, 吕晨红. 不同所有制企业社会保险缴费能力比较研究——基于超越对数生产函数的实证分析 [J]. 江西财经大学学报, 2011, 73 (1): 50 - 55.

[82] 田泓. 日本经济复苏缓慢乏力: 消费长期低迷、社会保障负担沉重 [N]. 新浪综合, 2017.

[83] 田玲, 刘章艳. 基本养老保险能有效缓解居民消费压力感知吗? [J]. 中国软科学, 2017 (1): 31 - 40.

[84] 田磊, 陆雪琴. 减税降费、企业进入退出和全要素生产率 [J]. 管理世界, 2021, 37 (12): 56 - 77.

[85] 童雅宁. 我国社会保险征缴方式的演变及其内在逻辑研究 [J]. 内蒙古煤炭经济, 2020 (22): 92 - 93.

[86] 唐钰, 封进. 社会保险缴费对企业资本劳动比的影响——以 21 世纪初省级养老保险征收机构变更为例 [J]. 经济研究, 2019 (11): 87 - 101.

[87] 唐珏, 封进. 社保缴费负担、企业退出进入与地区经济增长——基于社保征收体制改革的证据 [J]. 经济学动态, 2020 (6): 47 - 60.

[88] 陶纪坤, 张鹏飞. 社会保险缴费对劳动力需求的 "挤出效应" [J]. 中国人口科学, 2016 (6): 78 - 128.

[89] 汪润泉, 金昊, 杨翠迎. 中国社会保险负担实高还是虚高?——基于企业和职工实际缴费的实证分析 [J]. 江西财经大学学报, 2017 (6): 53 - 63.

[90] 王雄元, 史震阳, 何捷. 企业工薪所得税筹划与职工薪酬激励效应 [J]. 管理世界, 2016 (7): 137 - 171.

[91] 王增文, 邓大松. 基金缺口、缴费比率与财政负担能力: 基于对社会保障主体的缴费能力研究 [J]. 中国软科学, 2019 (10): 73 - 81.

[92] 汪小勤, 吕志明. 社会保险缴费对就业的挤出效应 [J]. 中国

人口·资源与环境，2013（1）：137－142.

[93] 文阡萧．战后日本福利体制构建的政治逻辑［J］．日本研究，2019（4）：59－65.

[94] 王伟．日本社会保障制度［M］．北京：世界知识出版社，2019.

[95] 王广州．新中国70年：人口年龄结构变化与老龄化发展趋势［J］．中国人口科学，2019（6）：2－15.

[96] 王治，任孜杨．减税降费对企业投资效率的影响研究［J/OL］．管理现代化，2024（1）：22－29.

[97] 王立国，赵琳．产融结合与民营企业投资效率——基于A股上市公司的经验研究［J］．宏观经济研究，2021（7）：38－53.

[98] 武川正吾，佐藤博树．企业保障与社会保障［M］．北京：中国劳动社会保障出版社，2003.

[99] 威廉·配第．赋税论［M］．马妍，译．北京：中国社会科学出版社，2010.

[100] 魏下海，董志强，黄玖立．工会是否改善劳动收入份额？——理论分析与来自中国民营企业的经验证据［J］．经济研究，2013（8）：34－43.

[101] 51社保．中国企业社保白皮书2017［R］．北京，2018.

[102] 希尔顿·弗里德曼．资本主义与自由［M］．张瑞玉，译．商务印书馆，1986.

[103] 夏太彪，魏志华，曾爱民，等．社会保险缴费负担与企业转型升级［J］．经济研究，2024，59（1）：168－187.

[104] 许志涛，丁少群．各地区不同所有制企业社会保险缴费能力比较研究［J］．保险研究，2014（4）：102－109.

[105] 许红梅，张天华，林小珠．社会保险缴费调整、企业资源配置效率与宏观经济效应［J］．长沙理工大学学报（社会科学版），2024，39（1）：71－84.

[106] 姚洋，钟宁桦．工会是否提高了工人的福利——来自12个城市的证据［J］．世界经济文汇，2008（5）：6－29.

[107] 姚先国，焦晓钰，张海峰，乐君杰. 工资集体协商制度的工资效应与员工异质性 [J]. 中国人口科学，2013 (2)：49－59.

[108] 伊特韦尔. 新帕尔格雷夫经济学大辞典第 4 卷 [M]. 北京：经济科学出版社，1987.

[109] 杨翠迎，王润泉，沈亦骏. 政策费率与征缴水平：中国城镇职工社会保险缴费偏理性分析 [J]. 公共行政评论，2018 (6)：162－177.

[110] 杨冠琼. 当代美国社会保障制度 [M]. 北京：法律出版社，2000.

[111] 杨波. 中国社会保险制度——基于企业的视角 [M]. 北京：中国社会科学出版社，2010.

[112] 晏国菀，夏雪. 减税降费与企业高质量发展——来自全要素生产率的证据 [J]. 当代经济科学，2023，45 (2)：119－130.

[113] 闫坤，蒋震. 实施战略性减税降费的主要着力点及政策建议 [J]. 税务研究，2019 (7)：3－7.

[114] 约翰·斯图亚特·穆勒. 政治经济学原理 [M]. 许宝骙，译. 北京：商务印书馆. 2005.

[115] 袁志刚，夏林锋，樊潇彦. 中国城镇居民消费结构变迁及其成因分析 [J]. 世界经济文汇，2009 (4)：14－22.

[116] 袁友红. 公平与效率视角下养老保险制度改革研究 [J]. 发展研究，2017 (4)：107－108.

[117] 郑秉文. 社会保险费"流失"估算与深层原因分析——从税务部门征费谈起 [J]. 国家行政学院学报，2019 (6)：12－20.

[118] 郑秉文. 社会保险缴费与竞争中性偏离——对征收体制改革过渡期政策的思考 [J]. 中国人口科学，2019 (8)：2－16.

[119] 郑秉文. 中国社会保障 40 年：经验总结与改革取向 [J]. 中国人口科学，2018 (4)：2－126.

[120] 郑晟祺. 社会保险缴费与企业创新：人力资本和要素替代的中介机制检验 [J]. 财会通讯，2024 (4)：87－92.

［121］赵静，毛捷，张磊．社会保险缴费率、参保概率与缴费水平——对职工和企业逃避费行为的经验研究［J］．经济学，2015（10）：342－372．

［122］赵斌．人力资本积累与经济增长——基于投资流量效应与老龄化存量效应视角［J］．广东财经大学学报，2019．

［123］赵健宇，陆正飞．养老保险缴费比例会影响企业生产效率吗？［J］．经济研究，2018（10）：97－112．

［124］赵耀辉，徐建国．我国城镇养老保险体制改革中的激励机制问题［J］．经济学季刊，2001（1）：193－206．

［125］赵海珠，蔡卫星，罗连化．社会保险降费政策促进就业了吗——基于在线招聘岗位数据的分析［J］．广东财经大学学报，2022，37（4）：56－70．

［126］赵迪．探讨缴纳社会保险的重要性［J］．国际公关，2020（1）：22．

［127］曾益，刘凌晨，高健．我国城镇职工基本养老保险缴费率的下调空间及其财政效应研究［J］．财政研究，2018（12）：70－84．

［128］曾益，李晓琳，石晨曦．降低养老保险缴费率政策能走多远？［J］．财政研究，2019（6）：102－115．

［129］张金峰．养老保险体制改革下的企业承受能力分析［J］．辽宁经济，2005（10）：89．

［130］张晶，林诗怡，徐苑瑜．社会保险缴费对企业劳动生产率的影响［J］．世界经济文汇，2023（4）：1－15．

［131］张凤林．人力资本理论及其应用研究［M］．北京：商务印书馆，2006．

［132］张奇林，余晓明，遆仕明．社会保险费率调整：政策效应、现实问题与优化建议［J］．税务研究，2023（5）：133－137．

［133］张洪涛，孔泾源．社会保险案例分析——制度改革［M］．北京：中国人民大学出版社，2008．

［134］周弘. 福利的解析——来自欧美的启示［M］. 上海：上海远东出版社，1998.

［135］朱必祥. 人力资本理论与方法［M］. 北京：中国经济出版社，2005.

［136］郑春荣. 英国社会保障制度［M］. 上海：上海人民出版社，2012.

［137］钟宁桦. 公司治理与员工福利：来自中国非上市企业的证据［J］. 经济研究，2012（12）：137 - 151.

［138］周小川. 养老保险与企业盈利能力［J］. 经济社会体制比较，2000（6）：34 - 53.

［139］周宇，袁欣融. 财税激励企业技术创新效应：基于高新技术企业减税降费［J］. 山西师范大学学报（社会科学版），2024，51（1）：41 - 51.

［140］邹铁钉. 养老保险体制改革的公平与效率研究［D］. 杭州：浙江大学，2015.

［141］朱小玉，杨宜勇. 社会保险费率国际比较：全球水平、内在差异与经验借鉴［J］. 税务研究，2020（5）：25 - 31.

［142］Abowd J M, Kramarz F. The costs of hiring and separation［J］. Labour Economics, 1995, 10（5）：499 - 530.

［143］Acharya, V V, Baghai R P and Subramanian K V. Wrongful Discharge Laws and Innovation［J］. Review of Financial Studies, 2013, 27（1）：301 - 346.

［144］Acharya and Subramanian. Bankruptcy codes and innovation［J］. Review of Financial Studies, 2009（22）：4949 - 4988.

［145］Adam B J. Real Effects of Academic Research［J］. The American Economic Revie, 1989, 79（5）：957 - 970.

［146］Akerlof G A and Yellen J L. The Fair Wage-effort Hypothesis and Unemployment［J］. Quarterly Journal of Economics, 1990, 105（2）：255 -

283.

[147] Akbas, Merve, Dan Ariely, et al. How to help poor informal workers to save a bit: evidence from a field experiment in Kenya [J]. IZA Discussion Paper 10024, Institute of Labor Economics, 2016.

[148] Arthur L. Reflection on unlimited labour, in Di Marco, International economics and development [M]. New York: Academic Press, 1972.

[149] Alimov A. Labor Protection Laws and Bank Loan Contracting [J]. Journal of Law and Economics, 2015, 58 (1): 37 – 74.

[150] Bartelsman, Eric, Pieter A G and Joris D W. Employment Protection, Technology Choice, and Worker Allocation [J]. International Economic Review, 2016, 57 (3): 787 – 826.

[151] Barry N. Is China Socialist? [J]. Journal of Economic Perspectives, 2017, 31 (1): 3 – 24.

[152] Barro R J, Lee J W. International data on educational attainment: Updates and implication [R]. Washington: Center for International Development, 2000.

[153] Baker, George, Michael G and Bengt H. The international economics of the firm: Evidence from personnel data [J]. Quarterly Journal of Economic, 1994, 109 (4): 881 – 919.

[154] Belot M, Boone J and Ours J V. Welfareimproving Employment Protection [M]. Economica, 2007, 74 (295): 381 – 396.

[155] Botero, Juan C, Simeon D, et al. The Regulation of Labor [J]. Quarterly Journal of Economic, 2004, 119 (4): 1339 – 1382.

[156] Bloom D E and Jeffrey G W. Demographic Transitions and Economic Miracles in emerging Asia [R]. Cambridge: National Bureau Economic Research, 1997.

[157] Brambilla, Irene, and Dario T. Investment in ICT, Productivity, and Labor Demand: The Case of Argentina [J]. Social Science Electronic Pub-

lishing，2018.

[158] Brow J R，Martinsson G，Petersen B C. Do Financing Constrains Matter for R&D? [J]. European Economics Review，2012，56（8）：1512 – 1529.

[159] Core J E，Holthausen R W，Larcker D F. Corporate Governance，Chief Executive Officer Compensation，and Firm Performance [J]. Journal of Financial Economics，1999，51（3）：371 – 406.

[160] Courtney C，Kevin M，David A. W. Introduction to "Social Security Programs and Retirement around the World：The Capacity to Work at Older Ages" [M]. University of Chicago Press，2017.

[161] David H，Kerr W R，Kugler A D. Does Employment Protection Reduce Productivity? Evidence from US States [J]. Economic Journal，2007，117（521）：189 – 217.

[162] DeVaro，Jed，Kurtulus，Fidan A. An empirical analysis of risk，incentives，and the delegation of worker authority [J]. International Economic Review，2007（64）：567 – 571.

[163] Dou Y W，Khan M，Zou Y L. Labor Unemployment Insurance and Earnings Management [J]. Journal of Accounting and Economics，2016，61（1）：166 – 184.

[164] Dyreng S D，Maydew E L. Virtual Issue on Tax Research [J]. Journal of Accounting Research，2018（2）：311.

[165] Erwin O，Eric S，Jef F. The incidence of social security contributions：an empirical analysis [J]. Empirica，2011.

[166] Fairhust D J，Selfling M. Employment Protection，Investment，and Firm Growth [J]. SSRN Electronic Journal，2015.

[167] Gene E. M. The Role of Tax and Social Security in Determing the Structure of Wages and Pension [J]. Tax and Social Security，1985（93）：575 – 585.

［168］ Gillion C, Turner J, Bailey C, Latulippe D. Social Security Pension: Development and Reform ［J］. Geneva, International Labor Office, 2000.

［169］ Giannetti M, Liao G M, Yu X Y. The Brain Gain of Corporate Boards: Evidence from China ［J］. Journal of Finance, 2015, 70 (4): 1629 – 1682.

［170］ Griffith H, Van R. How special is the special relationship? Using the impact of U. S R&D spillovers on U. K. firms as a test of technology sourcing ［J］. American Economic Review, 2006 (96): 1859 – 1875.

［171］ Ingrid N, Russell S. Who bears the burden of employer compliance with social security contributions? Evidence from Chinese firm level data ［J］. China Economic Review, 2008 (19): 230 – 244.

［172］ Isabela M. The Sources of Business Interest in Social Insurance Sectoral versus National Differences ［J］. World Politics, 2003 (55): 229 – 258.

［173］ Jefferson. China's new lost generation: the casualty of China's economic transformation ［J］. Journal of Chinese Economic and Business Studies, 2017 (10): 310 – 328.

［174］ John E C, Holthausen R W, Larcker D F. Corporate governance, chief executive officer compensation, and firm performance ［J］. Journal of Financial Economics, 2015 (51): 371 – 406.

［175］ Karthik K, Nandy D K, Manju P. Does Financing Spur Small Business Productivity? Evidence from a Natural Experiment ［J］. The Review of Financial Studies, 2015 (28): 1769 – 1809.

［176］ Krishnan K, Nandy D K, Puri M. Does Financing Spur Small Business Productivity? Evidence from a Natural Experiment ［J］. Review of Financial Studies, 2014, 28 (6): 1768 – 1809.

［177］ Liran E, Amy F, Maria P. Private provision of social insurance: drug-specific price elasticties and cost sharing in Medicare Part D ［J］. Am Econ J Econ Policy, 2018, 10 (3): 122 – 153.

[178] Wray L R. Can the Social Security trust fund contribute to savings? [J]. Journal of Post Keyesian Economics, 1990, 13 (2): 155 – 170.

[179] Su L. The eff ect of the New Rural Social Pension Insurance program on the retirement and labor supply decision in China [J]. The journal of the Economics of Aging, 2018 (12): 135 – 150.

[180] Louis K. Myopia and the effects of Social Security and Capital Taxation on Labor Supply [J]. National Tax Journal, 2015, 1 (68): 7 – 32.

[181] Lewis, Gregg H. Union/Nonunion Wage Gaps in the Public Sector [J]. Journal of Labor Economic, 1990, 8 (1): 360 – 428.

[182] Liebman J, Luttmer E. Would people behave differently if they better understood social security? Evidence from a field experiment [R]. NEBR Working Paper Series, 2015 (71): 275 – 299.

[183] Nielsen, I, Smyth R. Who Bears the Burden of Employer Compliance with Social Security Contributions? Evidence from Chinese Firm Level Data [J]. China Economic Review, 2008, 19 (2): 230 – 244.

[184] Nickell S, Layard R. Labor Market Institutions and Economic Performance [M]. Handbook of Labor Economics, 1999 (3): 3029 – 3084.

[185] Nicholas B, John Van R. Measurig and Explaining management practices across firms and countries [J]. The Quarterly Journal of economics, 2007 (11): 1351 – 1406.

[186] Nicholas B, et al. Does management matter? Evidence from India [J]. Quarterly Journal of Economic, 2013 (1): 1 – 5.

[187] Heider F, Ljungqvist A. As Certain as Debt and Taxes: Estimating the Tax Sensitivity of Leverage from State Tax Changes [J]. Journal of Financial Economics, 2015, 118 (3): 684 – 712.

[188] Holmstrom, Bengt, Milgrom, Paul. Multitask principal-agent analyses: incentive contracts, asset ownership, and job design [J]. Journal of Law, Economics, and Organization, 1991 (7): 24 – 52.

[189] Hannan R L. The Combined Effect of Wages and Firm Profit on Employee Effort [J]. Accounting Review, 2005, 80 (1): 167 –188.

[190] Oyer, Paul, Schaefer, Scott. Personnel economics: hiring and incentives. In: Ashenfelter, O., Card, D [M]. (Eds.), Handbook of Labor Economics, 2011 (4b): 1769 –1823.

[191] Prendergast, Canice. The tenuous trade-off between risk and incentives [J]. Journal of Political Economy. 2002, 110 (5): 1071 –1102.

[192] Rosen S. The Theory of Equalizing Differences [M]. Handbook of Labor Economics, 1986.

[193] Richard T. Essays on the "Welfare State" [M]. Unwin University Books, 1958.

[194] Serfling M. Firing Costs and Capital Structure Decisions [J]. Journal of Finance, 2016, 71 (5): 2239 –2285.

[195] Sangheon L, Nina T. Social Security and Firm Performance: The case of Vietnams SMEs [J]. International Labour Review, 2017, 156 (2): 71 –92.

[196] Shalev R, Zhang I X, Zhang Y. CEO Compensation and Fair Value Accounting: Evidence from Purchase Price Allocation [J]. Journal of Accounting Research, 2013, 51 (4): 819 –854.

[197] Simintzi E, Vig V, Volpin P. Labor Protection and Leverage [J]. Review of Financial Studies, 2014, 28 (2): 561 –591.

[198] Wei S, Xie Z, Zhang X. From mad in China to innovated in China: Necessity, prospect and challenges [J]. Journal of economic perspectives, 2016 (2): 1 –48.

[199] Schult T W. Human Capital Investment [R]. American Economic Association, 1961.

[200] Tachibanaki T, Yokoyama Y. The estimation of the incidence of employer contributions to social security in Japan [J]. Japanese Economic Re-

view, 2008, 59 (1): 75 –83.

[201] World Bank. World Development Report [R]. The state of Social Safety Nets, Washington, DC: World Bank, 2018.

[202] William T. The Citizen and Churchman [M]. London: AI and Spotswood Press, 1941.

[203] Dou Y, et al. Labor unemployment insurance and earnings management [J]. Journal of Accounting, 2016 (3): 166 –184.

[204] Zoltan J A, David B A. Innovation in Large and Small Firms: An Empirical Analysis [J]. The American Economic Review, 1988, 23 (1): 678 –690.